JN430327

Doll Coordinate Recipes for
NEW RETRO STYLE
뉴 레트로 스타일 인형옷 만들기

Calalka
이시와타리 아유

Prologue

얇은 종이에 감싸인 레이스에 찌그러진 비즈.
흠집 난 식기와 조금 탁한 유리창….
저에게는 불완전한 물건일수록 완벽하게 보입니다.
유일무이한 레트로 스타일은 정말로 매력적입니다.

이 책은 1950~60년대 소녀들이 즐겨 입던 귀엽고
사랑스런 컬러의 패션 아이템을 현대 감각에 맞춰 재구성해
레트로 인형과 현대 인형 모두에게 어울리는 아이템을 소개합니다.

새로운 레트로를 제안한다는 의미에서
'뉴 레트로 스타일'이라고 이름 붙였습니다.

이 책을 만들면서 다시 한번 느낀 점이 있습니다.
뭔가를 만든다는 건 조금은 귀찮지만
정말 재밌다는 것입니다!

Calalka 이시와타리 아유

Contents

Items   래글런 원피스, 부츠, 양말
Model   루루코
How to   47쪽, 79쪽, 99쪽
Pattern   105쪽, 127쪽
ruruko™ © PetWORKs Co., Ltd.

Items   반소매 블라우스, 랩스커트, 부츠, 양말
Model   모모꼬
How to   56쪽, 64쪽, 79쪽, 99쪽
Pattern 113쪽, 118쪽, 127쪽
momoko™ © PetWORKs Co., Ltd.

Items   래글런 원피스, 에이프런, 부츠
Model   타미(빈티지 돌)
How to   47쪽, 67쪽, 79쪽
Pattern   107쪽, 120쪽, 127쪽

Items   반소매 블라우스(위), 긴소매 블라우스(아래), 랩스커트, 부츠, 새첼 백, 양말
Model   타이니 벳시 맥콜(빈티지 돌)
How to   56쪽, 52쪽, 64쪽, 79쪽, 82쪽, 99쪽
Pattern 112쪽, 110쪽, 116쪽, 127쪽

Items   래글런 원피스, 부츠, 양말
Model   임다돌2.6 안젤리카
How to   47쪽, 79쪽, 99쪽
Pattern   107쪽, 127쪽
©iMda Doll

Items   반소매 블라우스, 랩스커트, 에이프런, 부츠, 양말
Model   유노아 크루스라이트 후로우라이트
How to   56쪽, 64쪽, 67쪽, 79쪽, 99쪽
Pattern 113쪽, 118쪽, 120쪽, 127쪽
©GentaroAraki/Renkinjyutsu-Koubou,Inc.

Items   레트로 원피스, 부츠, 푸들, 양말
Model   쿠쿠클라라
How to   42쪽, 79쪽, 86쪽, 99쪽
Pattern   102쪽, 127쪽

Items   반소매 블라우스, 타이트스커트, 부츠,
         새첼 백, 양말
Model   쿠쿠클라라
How to   56쪽, 60쪽, 79쪽, 82쪽, 99쪽
Pattern 112쪽, 114쪽, 127쪽

Items	반소매 블라우스, 랩스커트, 양말
Model	루루코
How to	56쪽, 64쪽, 99쪽
Pattern	112쪽, 116쪽, 127쪽
Items	긴소매 블라우스, 타이트스커트, 부츠, 양말
Model	모모꼬
How to	52쪽, 60쪽, 79쪽, 99쪽
Pattern	111쪽, 115쪽, 127쪽

ruruko™ ©PetWORKs Co., Ltd.
momoko™ ©PetWORKs Co., Ltd.

Items   긴소매 블라우스, 타이트스커트, 부츠, 양말
Model   퓨어니모 S/M(EX☆CUTE FAMILY Mia)
              (커스텀: 이가라시 모미지)
How to 52쪽, 60쪽, 79쪽, 99쪽
Pattern 110쪽, 114쪽, 127쪽
©OMOIATARU/AZONE INTERNATIONAL

Items   레트로 원피스, 부츠, 푸들, 양말
Model 퓨어니모 S/M(EX☆CUTE Raili)
      (커스텀: 이가라시 모미지)
How to 42쪽, 79쪽, 86쪽, 99쪽
Pattern 103쪽, 127쪽
©OMOIATARU/AZONE INTERNATIONAL

Items   반소매 블라우스, 랩스커트, 에이프런, 부츠, 양말
Model   타이니 벳시 맥콜(토너 돌 컴퍼니 제작)
How to   56쪽, 64쪽, 67쪽, 79쪽, 99쪽
Pattern   112쪽, 116쪽, 120쪽, 127쪽

Items   레트로 원피스, 부츠, 머리 장식
Model   신디(빈티지 돌)
How to   42쪽, 79쪽, 90쪽
Pattern   104쪽, 127쪽

Items   반소매 블라우스, 타이트스커트,
           부츠, 푸들, 머리 장식
Model   미사키
How to   56쪽, 60쪽, 79쪽, 86쪽, 90쪽
Pattern   113쪽, 115쪽, 127쪽

Items   래글런 원피스, 부츠
Model   바비(빈티지 돌)
How to   47쪽, 79쪽
Pattern 107쪽, 127쪽

Items　레트로 원피스, 로브, 부츠
Model　임다돌2,6 안젤리카
How to　42쪽, 70쪽, 79쪽
Pattern　107쪽, 123쪽, 127쪽
© iMda Doll

Items   래글런 원피스, 부츠, 양말
Model   모모꼬
How to   47쪽, 79쪽, 99쪽
Pattern 107쪽, 127쪽,
momoko™ ©PetWORKs Co., Ltd.

Items   레트로 원피스, 부츠, 푸들,
　　　　 머리 장식
Model   루루코
How to 42쪽, 79쪽, 86쪽, 90쪽
Pattern 102쪽, 127쪽
ruruko™ ©PetWORKs Co., Ltd.

Items　긴소매 블라우스, 랩스커트, 부츠
Model　임다돌2.6 안젤리카
How to　52쪽, 64쪽, 79쪽
Pattern　111쪽, 119쪽, 127쪽
©iMda Doll

Items   래글런 원피스, 부츠
Model   쿠쿠클라라
How to   47쪽, 79쪽
Pattern   105쪽, 127쪽

Items 로브, 뷔스티에, 드로어즈, 양말
Model 유노아 크루스라이트 후로우라이트
(커스텀: Calalka)
How to 70쪽, 73쪽, 76쪽, 99쪽
Pattern 123쪽, 124쪽, 125쪽, 127쪽
©GentaroAraki/Renkinjyutsu-Koubou,Inc.

Items 로브, 뷔스티에, 드로어즈
Model 네오 브라이스(커스텀: Calalka)
How to 70쪽, 73쪽, 76쪽
Pattern 122쪽, 124쪽, 126쪽

Items 로브, 뷔스티에, 드로어즈, 머리 장식
Model 쿠쿠클라라
How to 70쪽, 73쪽, 76쪽, 90쪽
Pattern 121쪽, 124쪽, 125쪽, 127쪽

Items 로브, 뷔스티에, 드로어즈
Model 유노아 크루스라이트 후로우라이트
How to 70쪽, 73쪽, 76쪽
Pattern 123쪽, 124쪽, 125쪽
©GentaroAraki/Renkinjyutsu-Koubou,Inc.

Items   로브, 뷔스티에, 드로어즈, 머리 장식
Model   임다돌2.6 안젤리카
How to   70쪽, 73쪽, 76쪽, 90쪽
Pattern   123쪽, 124쪽, 126쪽, 127쪽
©iMda Doll

Items 반소매 블라우스, 타이트스커트, 부츠, 머리 장식
Model 타이니 벳시 맥콜(Tonner Doll Company 제작)
How to 56쪽, 60쪽, 79쪽, 90쪽
Pattern 112쪽, 114쪽, 127쪽

Column

레트로 가게 추천

행복이 가득한 오므라이스 가게

가게마다 개성 넘치는 로고

쇼핑 중 쉴 곳을 찾는다면 여기로!

레트로한 포장지는 보관하고 싶다.

푸른 천장과 6조각 치즈 같은 조명

커다란 단추를 달아놓은 듯한 인테리어

나는 동그란 창문이 좋다.

No Parfait! No Life!!

프렌치토스트에는 레몬을 올려 먹는다.

앞의 사진들은 책의 테마인 뉴 레트로 스타일에 맞춰서 1950~60년대에 세워진
미군 하우스에서 촬영했습니다. 미국 스타일의 식당과 유럽풍 공동주택……
저는 해외풍 레트로를 좋아하지만 일본풍 레트로도 좋아합니다. 학창 시절에 다녔던
신주쿠의 '커피 세이부'를 비롯해 간토를 중심으로 다양한 카페에 다니고 있습니다.

지금도 인테리어나 로고, 포장지, 메뉴에 이르기까지 모든 것을 컬러 코디네이트 작업에
참고하고 있습니다. 여러분도 주변의 레트로 스타일의 카페나 숍에서
아이디어를 얻어보세요. 보다 풍성한 작업을 할 수 있을 거예요.

Lesson

필요한 도구들

레슨을 시작하기 전에 Calalka 이시와타리 아유가
인형 만들기에 사용하는 도구를 소개하니 참고해 주세요.

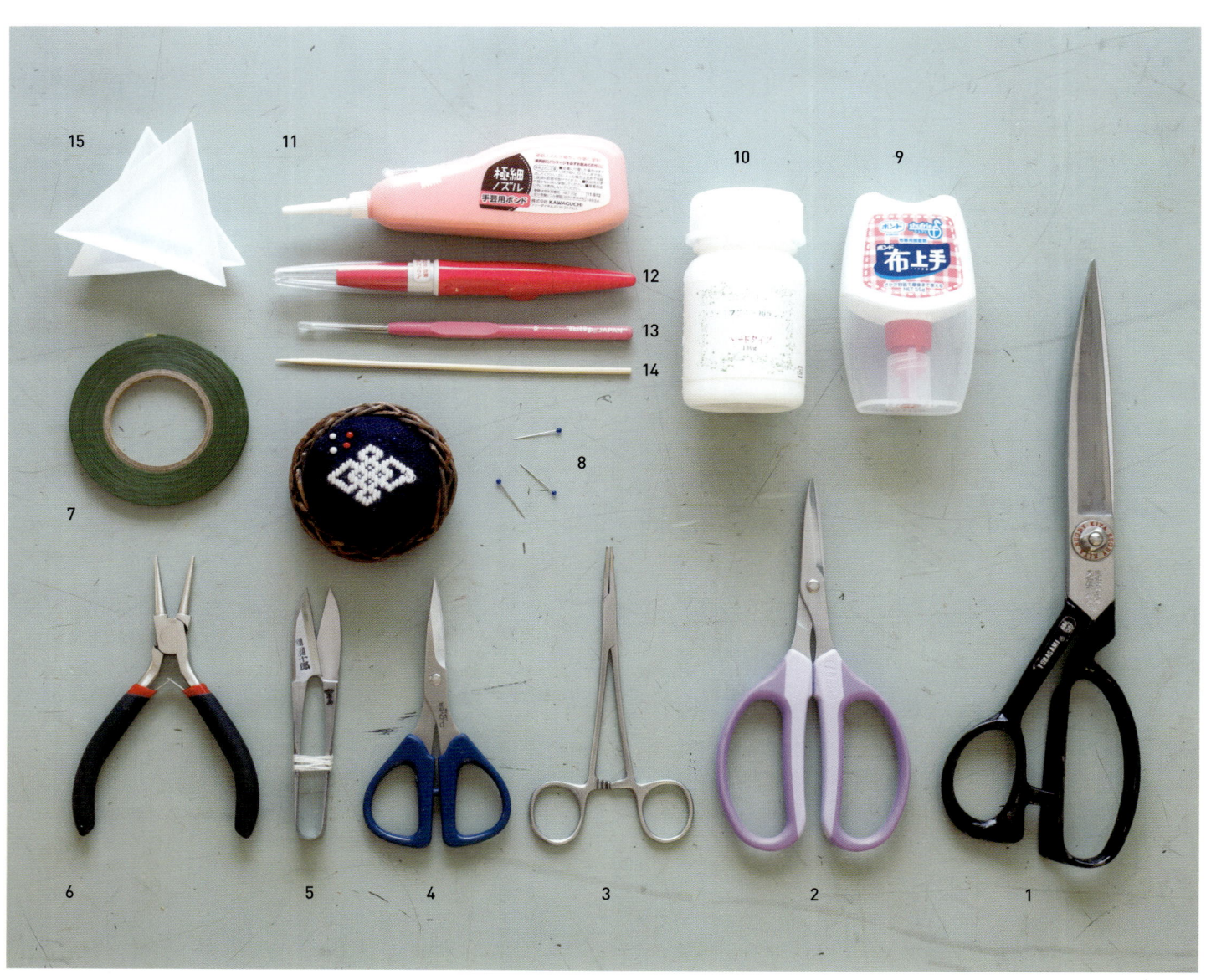

1. 재단 가위

도쿄에서 학교를 다니던 무렵부터 오랫동안 애용했습니다. 원단을 재단하거나 직선으로 자를 때 사용합니다. 익숙하지 않으면 무겁고 사용하기 힘들지만 가위 자체가 무거운 만큼 원단을 똑바로 자르기 쉽습니다.

2. 크래프트 가위

천이 아닌 가죽이나 와이어를 자를 때 사용합니다. 큰 가위지만 가볍고 사용하기 쉬워서 힘을 많이 주지 않아도 깨끗하게 잘립니다.

3. 겸자

끝이 일자인 것과 곡선인 것이 있습니다. 곡선이 있는 쪽이 인형 파츠를 뒤집을 때 쓰기 좋습니다.

4. 컷워크 가위

끝이 날카로워서 세밀한 재단을 할 때나 가위집을 낼 때 좋습니다. 큰 사이즈도 있지만 작은 사이즈가 여러 상황에 대응할 수 있기 때문에 애용하고 있습니다.

5. 쪽가위

재단 가위와 같은 메이커의 제품을 애용하고 있습니다. 이 쪽가위는 날끝이 날카롭고 자르는 맛이 일품입니다. 가위 중간 부분을 시침실로 감아두면 가윗날이 벌어지는 것을 막을 수 있습니다.

6. 라운드 코 펜치

비즈 크래프트용으로 작은 것을 사용하고 있습니다. 머리 장식의 와이어를 구부릴 때도 예쁘게 구부릴 수 있습니다.

7. 조화 테이프

조화를 만들 때 쓰는 얇은 명주 소재의 폭 5mm 테이프입니다. 플로럴 테이프와 달리 접착면이 없기 때문에 조화용 본드로 고정시키면 끈적거림 없이 줄기를 만들 수 있습니다. 좋아하는 색이 없으면 얇은 명주 소재의 원단을 물들여서 테이프로 만들어도 됩니다.

8. 패치워크용 시침핀

일반적인 시침핀의 반 정도 되는 길이라서 인형옷 소매를 고정시키는 데 편리합니다. 유리 구슬이 붙어 있는 시침핀은 내열성이 있으므로 다리미로 다리는 것도 가능합니다.

9. 섬유 접착제

너무 부드럽지도 딱딱하지도 않은 질감이 좋아서 애용하고 있습니다. 붙인 직후라면 떼어낼 수도 있고 바로 붙이고 싶을 때는 손가락으로 눌러서 빠르게 붙입니다. 이 책에서는 가죽 아이템에 사용했습니다.

10. 조화용 접착제

일반적으로 소프트와 하드 두 종류가 있습니다. 저는 하드 타입을 사용합니다. 딱딱해서 사용하기 힘들다면 물을 1~2방울 섞거나, 소프트 타입을 섞어도 됩니다. 바로 굳기 때문에 사용 후에는 반드시 뚜껑을 닫아 보관하세요.

11. 수예용 접착제

재봉질을 하기 전에 천을 고정하거나 옷깃을 정리할 때 쓰기 좋습니다. 질감이 부드러워서 작은 접시에 부은 뒤 우드 스틱에 찍어 세밀한 부분에 발라도 좋습니다.

12. 니들 펠트용 바늘

펜을 쥐는 감각으로 양털을 찌를 수 있기 때문에 애용하고 있습니다. 제가 사용하는 건 3구 바늘이라 빠르게 작업을 마무리할 수 있습니다. 1구씩 분리할 수도 있어서 섬세한 작업에는 1구씩 사용합니다.

13. 수예용 극세 송곳

보통 사이즈 송곳을 사용하는 것도 가능하지만 조화의 꽃술이 통과하는 작은 구멍을 뚫거나 인형옷의 세밀한 부분을 조정하는 데 사용합니다. 한 자루쯤 있으면 편리합니다.

14. 우드 스틱

꽃 장식의 잎을 붙일 때는 우드 스틱에 본드를 찍어서 붙입니다. 저는 어떤 접착제든 노즐로 직접 바르지 않고 작은 접시에 짜내서 우드 스틱으로 찍어 붙이거나 우드 스틱에 접착제를 직접 짜낸 뒤 바릅니다. 그래야 양을 조절하기 편하고 깨끗하게 마무리할 수 있습니다.

15. 비즈용 삼각 접시

잃어버리기 쉬운 작은 파츠를 올려두면 찾기 쉽기 때문에 필요합니다. 비즈 구슬도 깔끔하게 정리할 수 있습니다. 가볍고 부피도 크지 않아서 여러 장 있으면 좋습니다.

올 풀림 방지액

원단 끝에 올 풀림 방지액을 발라두면 얇은 원단의 올이 풀리는 것을 예방할 수 있어요.

Embroidery Lesson
자수 방법

이 책에서 사용하는 자수법입니다.
인형 옷을 만들 때 아우트라인 스티치 외에는 리본 자수를 쓰고 있습니다.
리본 자수용 바늘과 자수 리본을 준비해 주세요.

아우트라인 스티치(25번 자수실, 3겹)

1
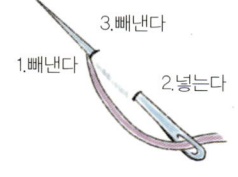
3.빼낸다
1.빼낸다
2.넣는다

2
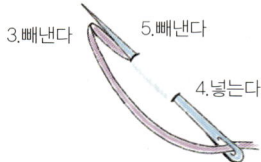
3.빼낸다
5.빼낸다
4.넣는다

3
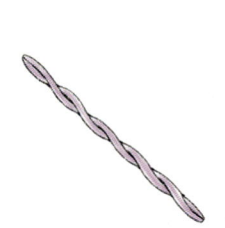
원하는 길이가 될 때까지 반복한다.

리본 스티치 시작

1

리본을 30cm 정도 잘라서 바늘에 꿴다.

2
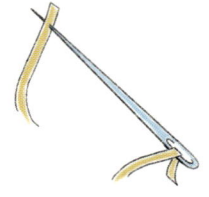
리본 끝에서 1cm 부분에 바늘을 찌른다.

3
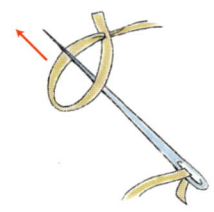
리본을 당겨 만들어진 고리를 통해 바늘을 빼낸다.

4
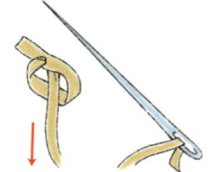
그대로 리본을 당긴다.

5
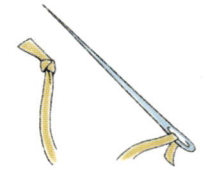
매듭이 지어진다.

리본 스티치 마무리

1

마무리할 천의 뒤에서 바늘에
리본을 한 바퀴 감는다.

2

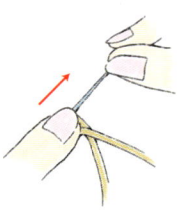

감긴 리본을 잡으면서 바늘을
당긴다.

3

매듭이 생겼으면 끝을 5mm
정도 남기고 자른다.

스트레이트 스티치

1

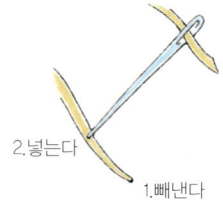

2.넣는다

1.빼낸다

천 뒤에서 앞으로 리본을 빼내고
2의 위치에 바늘을 넣는다.

2

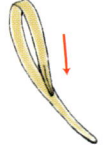

리본이 꼬이지 않도록 조심하면서
당긴다.

3

끝에 컬을 남기고 완성.

스파이더 웹 로즈 스티치

1

원하는 꽃의 크기를 고려하여
자수실로 스트레이트 스티치를
5개 놓는다.

2

리본을 꿴 바늘을 통과시키고
중심에 가까운 부분에서 바늘을
빼낸다.

3

바늘을 돌려서 리본을 꼰다.

4

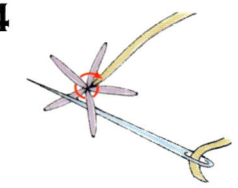

시계 방향으로 하나씩
건너뛰면서 바늘을 스티치
아래로 통과시킨다.

5

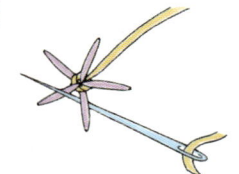

꼬인 상태를 유지하면서 4를
반복한다.

6

베이스가 된 자수가 가려져 보이지
않을 때까지 반복한다.

7

천의 뒷면에 매듭을 짓고 완성.

Lesson 1
레트로 원피스

Size

S   20~22cm의 인형을 대상으로 하고 있습니다. S 사이즈에 적합한 인형은 루루코(퓨어니모 XS),
초대 리카, 쿠쿠클라라입니다.

M   22~24cm의 인형을 대상으로 하고 있습니다. M 사이즈에 적합한 인형은 타이니 벳시 맥콜, 네오
브라이스, 리카, 퓨어니모 S/M(EX☆CUTE), 페퍼입니다.

L   26~29cm의 인형을 대상으로 하고 있습니다. L 사이즈에 적합한 인형은 임다돌2.6, 모모꼬,
유노아 크루스라이트 후로우라이트, 미사키, 신디입니다.

+ 준비물

S 앞 요크 7×7cm, 몸판 11×14cm, 소매 8×18cm,
커프스 3×5cm, 안감 7×7cm, 스커트 7×26cm,
1cm 폭 요크용 주름 리본 20cm, 1.5cm 폭 밑단용 주름 리본
26cm, 5mm 폭 벨트용 가죽끈 18cm, 벨트용 버클 1개,
똑딱단추 1세트, 펄 비즈 1개

M 앞 요크 8×8cm, 몸판 12×16cm, 소매 9×20cm,
커프스 3×5cm, 안감 8×8cm, 스커트 8×29cm,
1cm 폭 요크용 주름 리본 20cm, 1.5cm 폭 밑단용 주름 리본
29cm, 5mm 폭 벨트용 가죽끈 18cm, 벨트용 버클 1개,
똑딱단추 1세트, 펄 비즈 1개

L 앞 요크 9×9cm, 몸판 13×18cm, 소매 11×22cm,
커프스 3×7cm, 안감 9×9cm, 스커트 10×31cm,
1cm 폭 요크용 주름 리본 22cm, 1.5cm 폭 밑단용 주름 리본
31cm, 5mm 폭 벨트용 가죽끈 18cm, 벨트용 버클 1개,
똑딱단추 1세트, 펄 비즈 1개

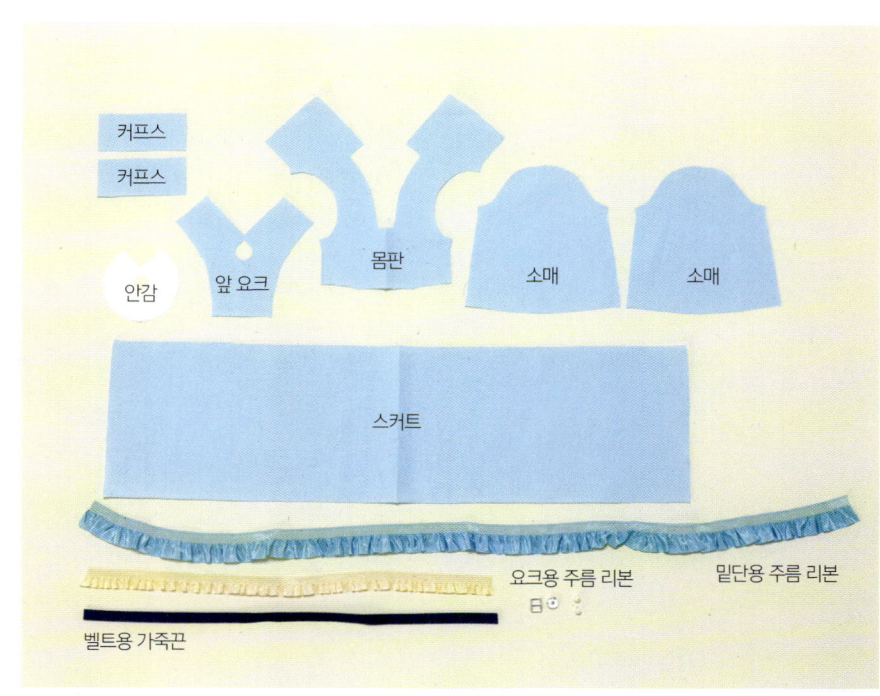

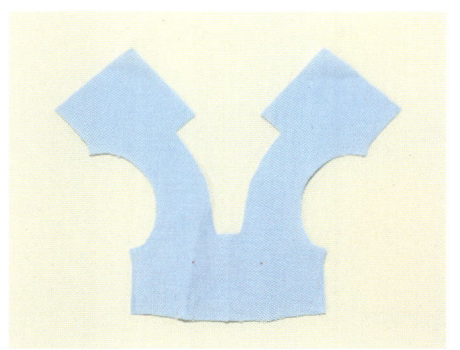

1 각각의 패턴을 원단에 대고 재단선을 그은 뒤
잘라내 올 풀림 방지액을 바른다.

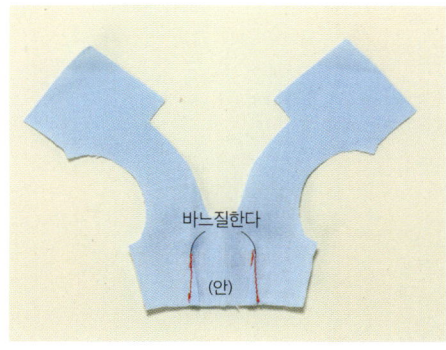

2 앞몸판 표시에 맞춰 다트를 접어 바느질한 뒤
솔기가 중심을 향해 눕도록 접어 다림질한다.

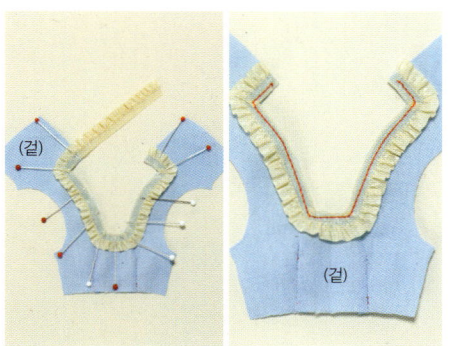

3 요크용 주름 리본을 앞몸판에 시침핀으로 고정
하고 겉 쪽에서 바느질한다.

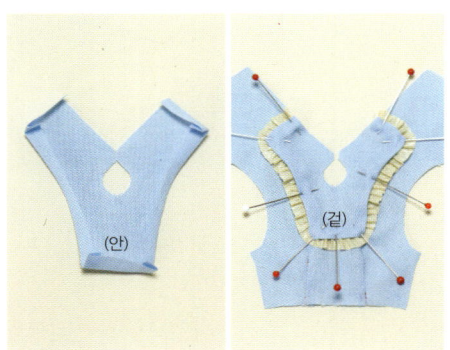

4 앞 요크의 시접을 다림질해 접은 뒤 몸판에 대
고 시침핀으로 고정한다.

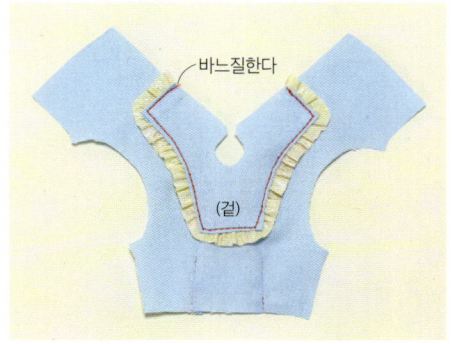

5 요크의 겉 쪽에서 스티치로 바느질한다.

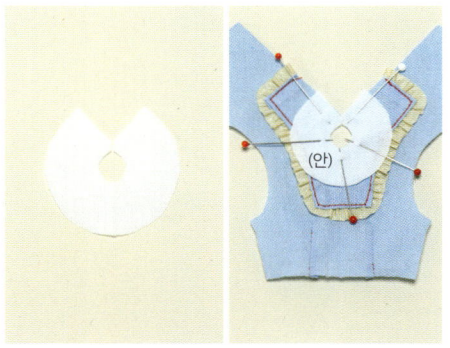

6 안감의 겉과 목둘레의 겉을 마주 대고 시침핀
으로 고정한다.

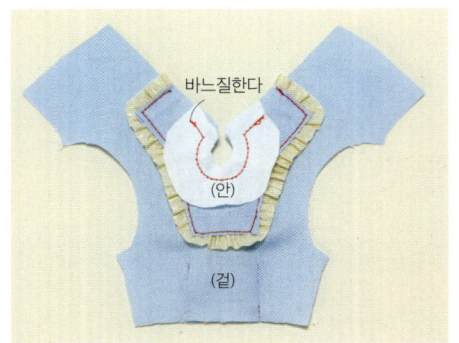

7 목둘레를 따라 안감을 바느질한다.

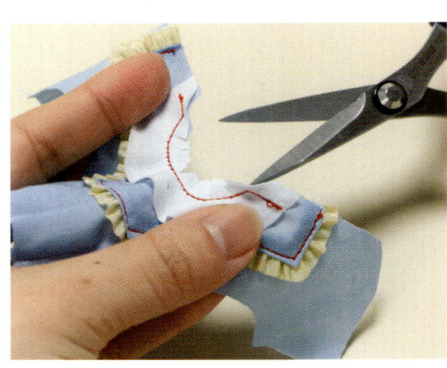

8 양 모서리를 자르고 시접의 곡선을 따라 가위집을 낸다.

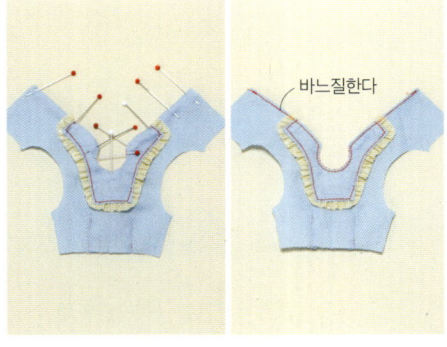

9 겸자를 이용해 안감을 뒤집고. 뒤쪽 중심에서 목둘레를 다림질한다. 시침핀으로 고정하고 겉쪽에서 스티치로 바느질한다.

10 소맷부리를 홈질한다.

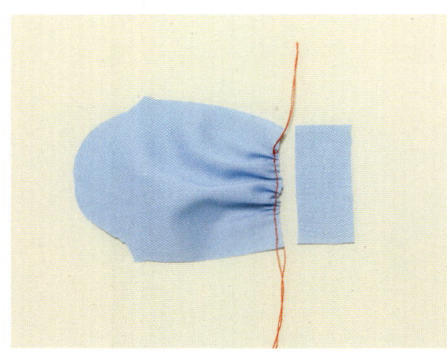

11 소맷부리의 양쪽 실을 당겨 커프스 폭에 맞추어 주름을 잡는다.

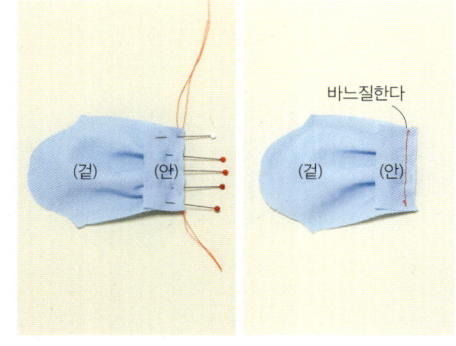

12 소맷부리의 겉과 커프스의 겉을 마주 대고 시침핀으로 고정한 뒤 바느질한다.

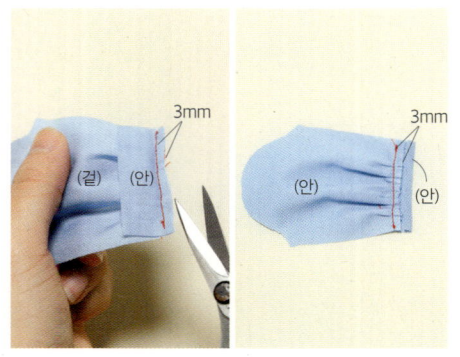

13 커프스의 시접을 3mm 남기고 자른다. 커프스를 다림질해 접는다.

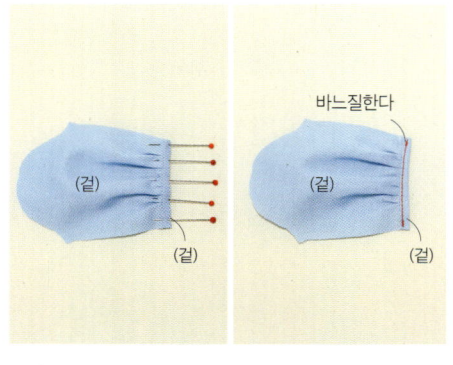

14 소맷부리의 시접을 감싸듯이 커프스를 뒤집고 다림질해 접는다. 시침핀으로 고정한 뒤 겉쪽에서 스티치로 바느질한다.

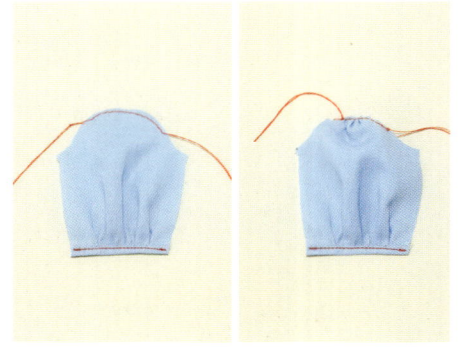

15 소매산을 홈질한다. 양쪽 실을 당겨 진동 크기에 맞게 주름을 잡은 뒤 매듭을 지어 고정한다.

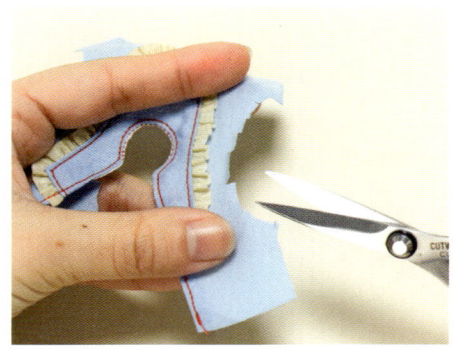

16 몸판의 진동을 따라 촘촘히 가위집을 낸다.

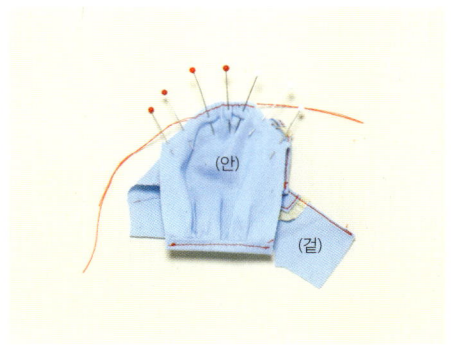

17 진동의 겉과 소매산의 겉을 마주 대고 시침핀으로 고정한다.

18 양 소매를 바느질하고 시접을 소매 쪽으로 눕혀 다림질한다.

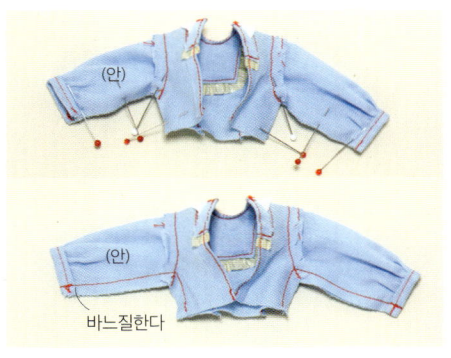

19 소매 아래의 겉과 옆선의 겉을 마주 대고 시침핀으로 고정한 뒤 바느질한다.

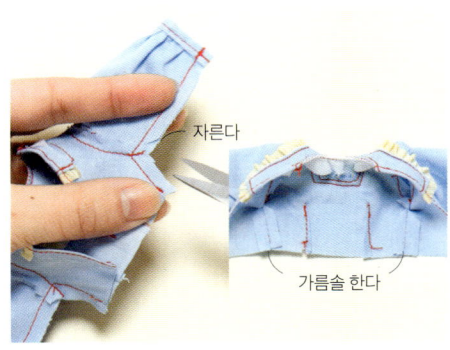

20 겨드랑이 시접에 팔(八) 자로 가위집을 낸다. 진동부터 옷단까지의 시접은 가름솔 하여 다림질한다.

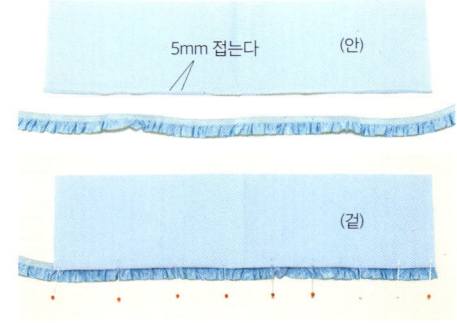

21 스커트 밑단은 5mm 접어 다림질한 뒤 밑단용 주름 리본을 겹쳐 시침핀으로 고정한다.

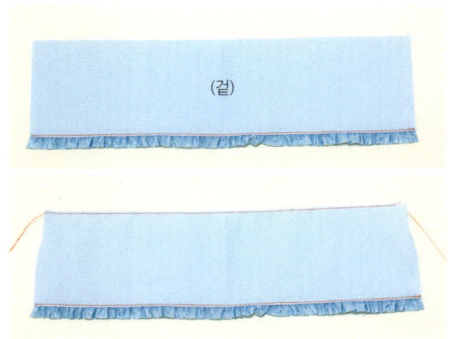

22 겹친 주름 리본과 스커트 밑단을 겉 쪽에서 스티치로 바느질하고 허리 부분은 홈질한다.

23 몸판의 허리둘레에 맞춰 스커트 허리 부분의 양쪽 실을 당겨 주름을 잡은 뒤 매듭을 지어 고정한다.

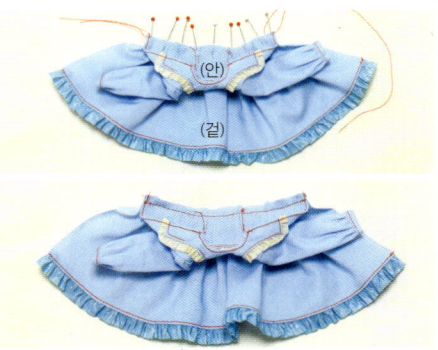

24 몸판과 스커트의 허리 부분을 겉과 겉끼리 마주 대고 시침핀으로 고정한 뒤 바느질한다.

25 시접을 몸판 쪽으로 눕히고 겉 쪽에서 스티치로 바느질한다.

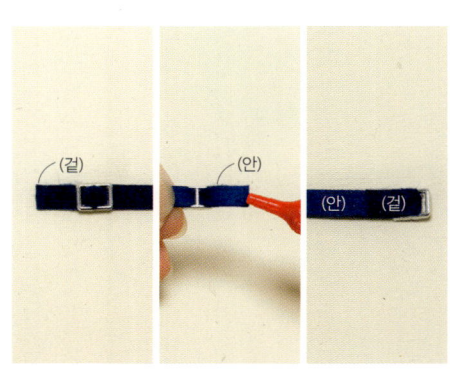

26 벨트용 가죽끈을 버클에 끼우고 접은 뒤 섬유 접착제를 발라서 붙인다.

27 버클을 원피스의 허리 중심선에 대고 벨트를 두른 뒤 6mm 정도 남기고 자른다. 뒤 중심의 시접에 섬유 접착제를 발라서 붙인다.

28 반대편 뒤 중심의 시접에 벨트용 끈을 섬유 접착제로 붙인 뒤 버클에 끼운다.

29 버클을 통과한 벨트용 끈의 모서리를 사선으로 잘라서 모양을 만든다.

30 스커트 뒤 중심의 겉과 겉을 마주 대고 시침핀으로 고정한 뒤 바느질한다.

31 시접을 가름솔 하여 다림질한다.

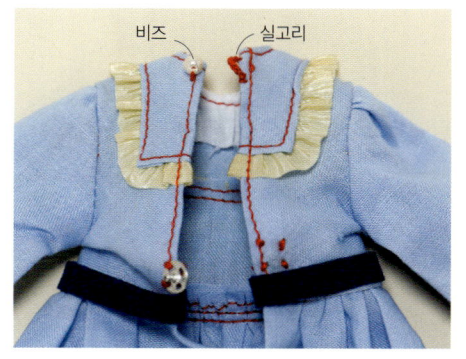

32 뒤여밈에 똑딱단추, 비즈, 실고리를 단다. (페퍼와 신디는 목 부분에 여유가 없으니 리본을 각각 달아 묶어주면 좋다.)

33 완성.

Lesson 2
래글런 원피스

— Size —

S 20~22cm의 인형을 대상으로 하고 있습니다. S 사이즈에 적합한 인형은 루루코(퓨어니모 XS), 초대 리카, 타이니 벳시 맥콜, 쿠쿠클라라입니다.

M 22~24cm의 인형을 대상으로 하고 있습니다. M 사이즈에 적합한 인형은 네오 브라이스, 리카, 퓨어니모 S/M(EX☆CUTE), 페퍼입니다.

L 26~29cm의 인형을 대상으로 하고 있습니다. L 사이즈에 적합한 인형은 임다돌2.6, 모모꼬, 유노아 크루스라이트 후로우라이트, 미사키, 신디, 타미, 바비입니다.

+ 준비물

S 몸판 14×30cm, 소매 8×22cm, 옷깃 3×9cm, 커프스 4×12cm, 똑딱단추 1세트, 칼라용 60수 면(퀼트 천) 10×20cm, 장식 리본 1개, 펄 비즈 1개, 자수실

M 몸판 15×32cm, 소매 9×22cm, 옷깃 3×10cm, 커프스 4×12cm, 똑딱단추 1세트, 칼라용 60수 면(퀼트 천) 10×20cm, 장식 리본 1개, 펄 비즈 1개, 자수실

L 몸판 19×38cm, 소매 9×26cm, 옷깃 3×11cm, 커프스 5×12cm, 똑딱단추 1세트, 칼라용 60수 면(퀼트 천) 11×22cm, 장식 리본 1개, 펄 비즈 1개, 자수실

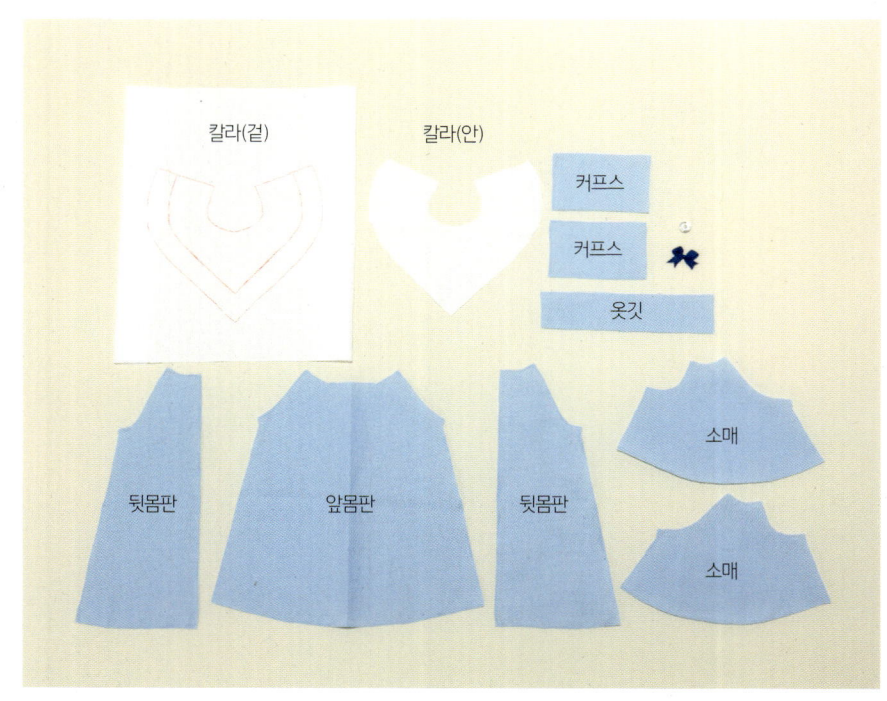

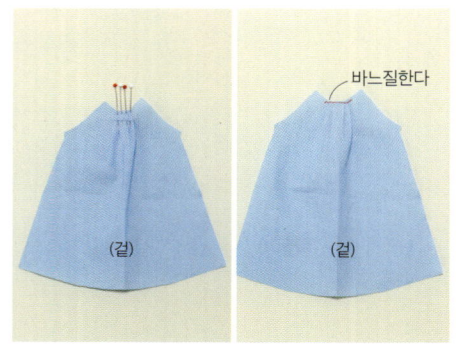

1 원단을 패턴에 맞게 재단한 뒤 올 풀림 방지액을 바른다. 앞몸판 목둘레의 턱주름을 기준으로 접어 시침핀으로 고정한 뒤 바느질한다.

2 소맷부리를 홈질한다.

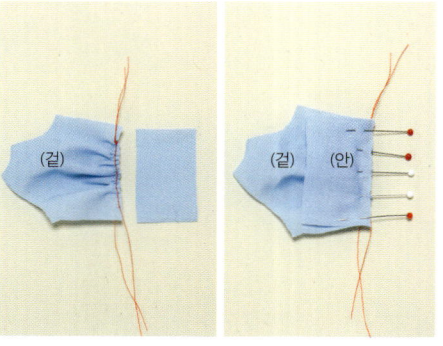

3 소맷부리의 양쪽 실을 당겨 커프스 폭에 맞추어 주름을 잡는다. 소맷부리와 커프스의 겉과 겉을 마주 대고 시침핀으로 고정한다.

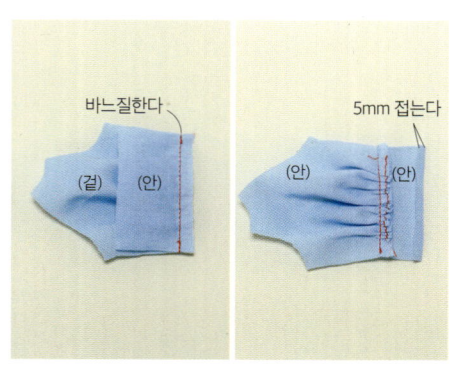

4 소매와 커프스를 바느질해 붙인 뒤 커프스를 소맷부리 쪽으로 꺾는다. 안쪽으로 뒤집고 커프스 시접을 5mm 접어 다림질한다.

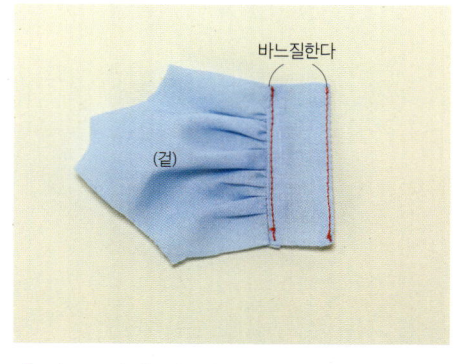

5 커프스의 양쪽을 사진처럼 겉 쪽에서 스티치로 바느질한다.

6 앞몸판과 소매의 겉과 겉을 마주 대고 시침핀으로 고정한 뒤 바느질한다.

7 앞몸판에 양 소매를 바느질한 모습.

8 한쪽 소매의 겉과 한쪽 뒷몸판의 겉을 마주 대고 시침핀으로 고정한다.

9 다른 쪽 소매와 뒷몸판도 같은 방법으로 바느질한다.

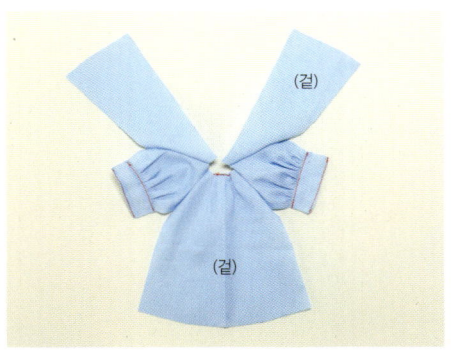

10 앞몸판과 양 소매, 뒷몸판까지 연결한 모습.

11 앞몸판과 뒷몸판, 소매의 시접에 가위집을 내고 가름솔 하여 다림질한다.

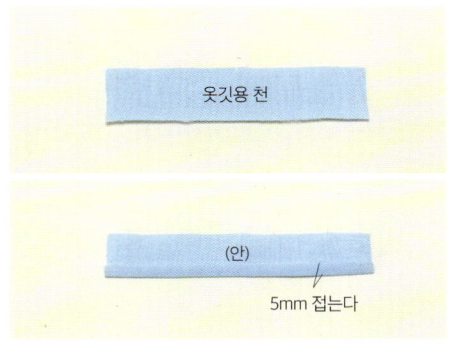

12 옷깃의 시접을 5mm로 접어 다림질한다.

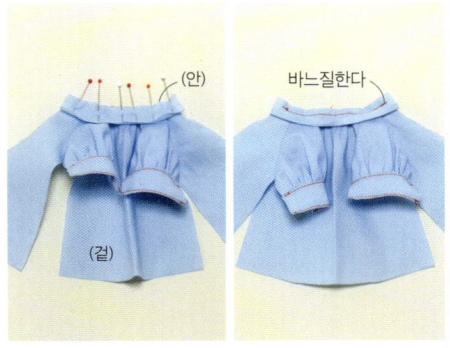

13 옷깃의 겉과 몸판의 겉을 마주 대고 시침핀으로 고정한 뒤 바느질한다.

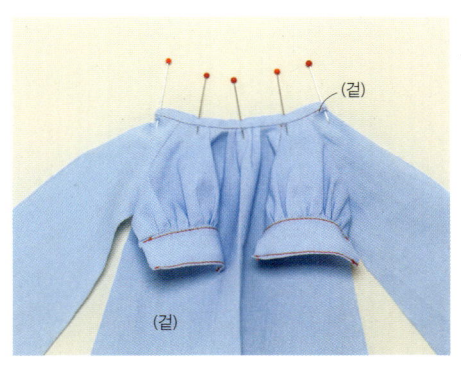

14 옷깃을 세우고 시접을 감싸듯이 뒤쪽으로 넘겨 시침핀으로 고정한다.

15 옷깃의 하단을 겉 쪽에서 목선을 따라 스티치로 바느질한다.

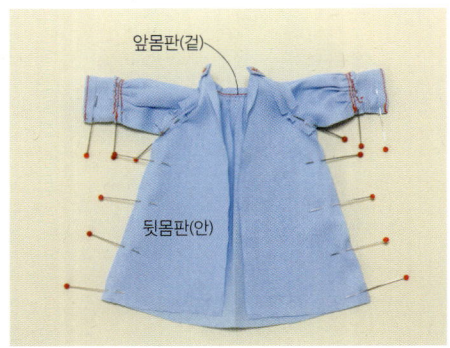

16 앞몸판과 뒷몸판의 소맷부리에서 옷단까지 겉과 겉을 마주 대고 시침핀으로 고정한다.

17 소맷부리에서 겨드랑이와 옷단까지 연결하여 바느질한다.

18 겨드랑이 시접에 팔(八) 자로 가위집을 낸다.

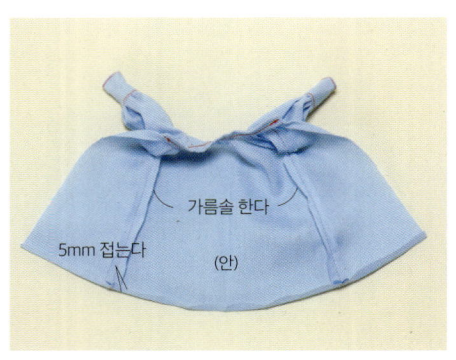

19 시접을 가름솔 하여 다림질한 뒤 옷단의 시접을 5mm 접어 다림질한다.

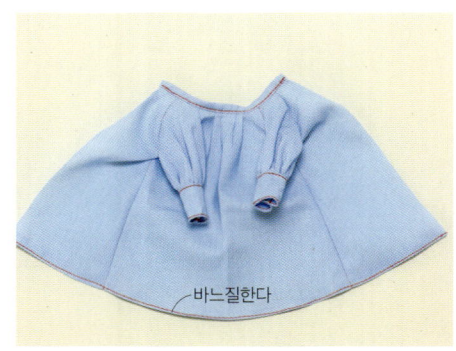

20 옷단의 겉 쪽에서 스티치로 바느질한다.

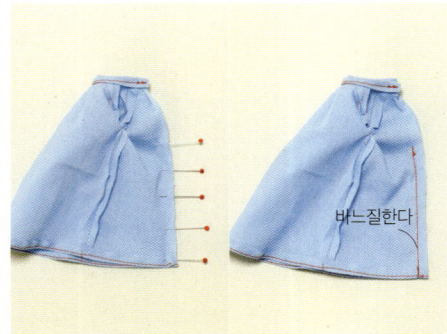

21 뒤 중심에 맞춰 겉과 겉을 마주 댄 뒤 트임 끝까지 시침핀으로 고정한다. 트임 끝에서 옷단까지 바느질한다.

22 시접을 가름솔 하여 다림질한다.

23 뒤여밈에 똑딱단추를 단다.

24 래글런 원피스 본체 완성.

25 칼라 겉면은 재단하기 전에 아우트라인 스티치로 바느질한다. (자수 방법은 40쪽 참조)

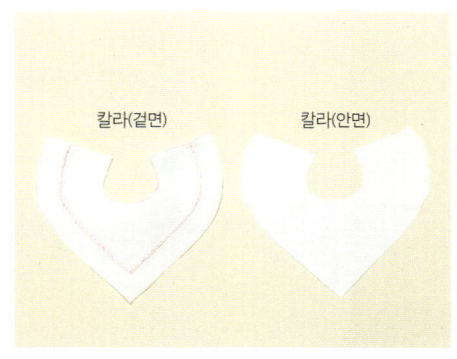

26 칼라 겉면과 칼라 안면을 각각 재단한다.

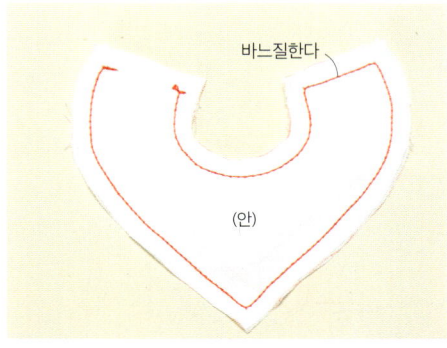

27 칼라 겉면과 칼라 안면을 마주 댄 뒤 창구멍이 될 부분을 남기고 바느질한다.

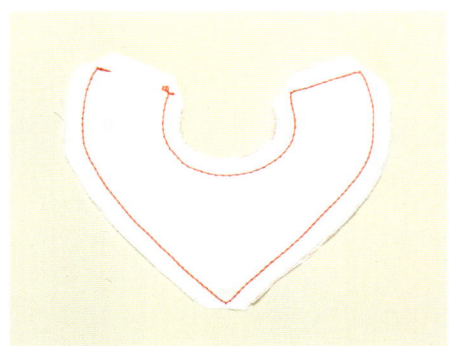

28 각 시접의 모서리를 자른다.

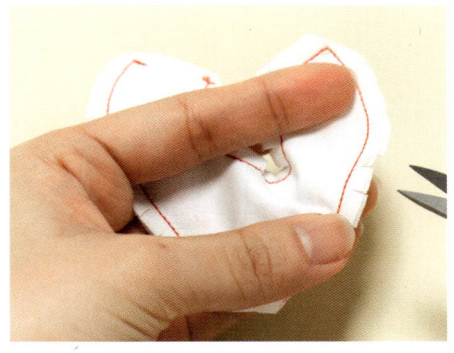

29 시접의 곡선을 따라 가위집을 낸다.

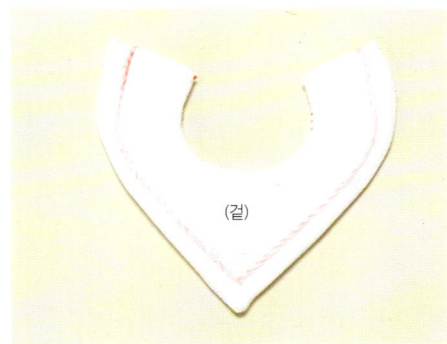

30 겸자를 사용해 칼라의 겉면이 나오도록 뒤집은 뒤 다림질한다. 창구멍을 공그르기 한다.

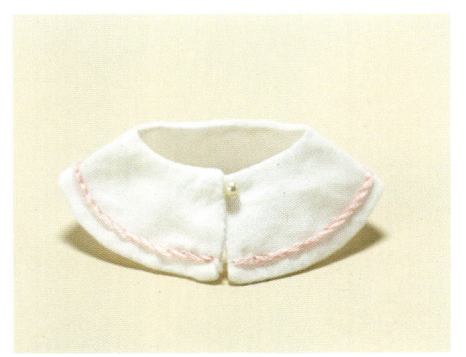

31 뒤여밈에 실고리와 단추를 단다.

32 앞에는 장식 리본을 달아준다.

33 원피스에 칼라를 두르면 완성.

Lesson 3

긴소매 블라우스

Size

S 20~22cm의 인형을 대상으로 하고 있습니다. S 사이즈에 적합한 인형은 루루코(퓨어니모 XS), 초대 리카, 쿠쿠클라라입니다.

M 22~24cm의 인형을 대상으로 하고 있습니다. M 사이즈에 적합한 인형은 타이니 벳시 맥콜, 네오 브라이스, 리카, 퓨어니모 S/M(EX☆CUTE), 페퍼입니다.

L 26~29cm의 인형을 대상으로 하고 있습니다. L 사이즈에 적합한 인형은 임다돌2.6, 모모꼬, 유노아 크루스라이트 후로우라이트, 미사키, 신디입니다.

S 몸판 9×22cm, 소매 8×16cm, 옷깃 5×14cm,
커프스 3×12cm, 걸고리 단추(수단추) 2개, 앞섶에 달 비즈 5개,
자수실, 리본 자수실

M 몸판 10×26cm, 소매 9×16cm, 옷깃 6×16cm,
커프스 3×12cm, 걸고리 단추(수단추) 2개, 앞섶에 달 비즈 5개,
자수실, 리본 자수실

L 몸판 11×28cm, 소매 11×18cm, 옷깃 6×16cm,
커프스 3×12cm, 걸고리 단추(수단추) 2개, 앞섶에 달 비즈 5개,
자수실, 리본 자수실

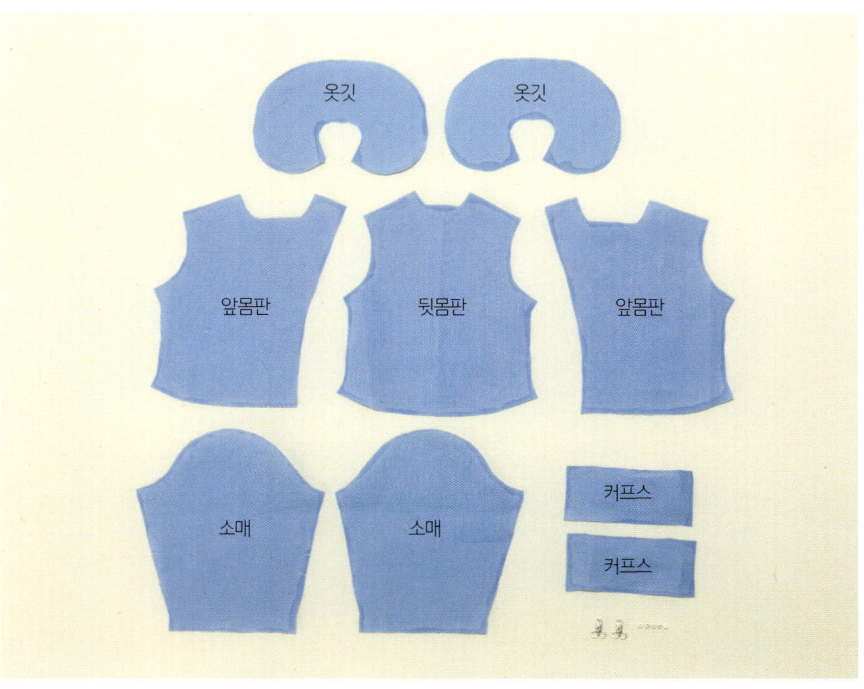

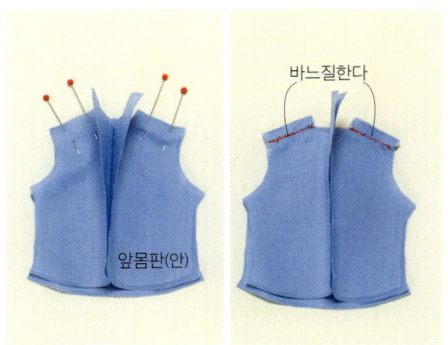

1 각 원단을 재단한 뒤 올 풀림 방지액을 바른다.
앞몸판의 겉과 뒷몸판의 겉을 마주 대고 시침
핀으로 고정한 뒤 어깨선을 바느질한다.

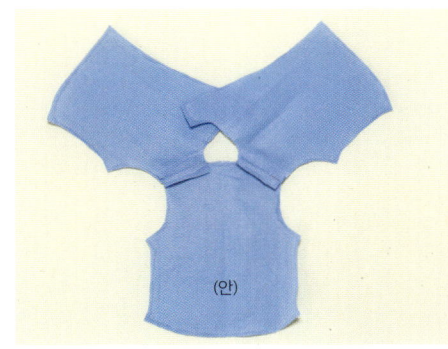

2 어깨의 시접을 가름솔 하여 다림질한다.

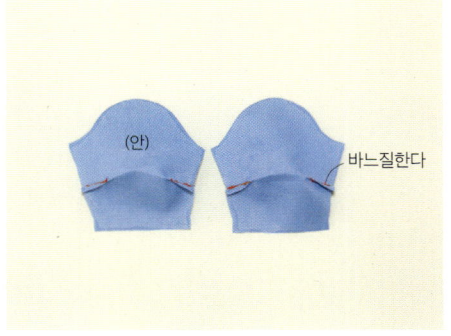

3 소매의 다트를 바느질한 뒤 소맷부리 쪽으로
접어 다림질한다.

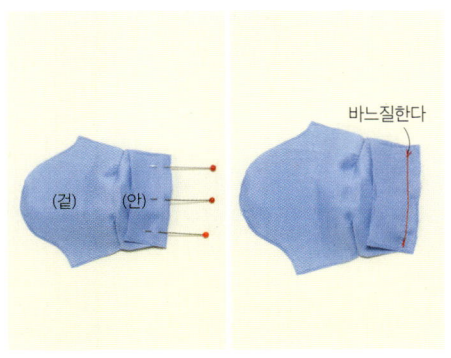

4 소매의 겉과 커프스의 겉을 마주 대고 시침핀
으로 고정한 뒤 바느질한다.

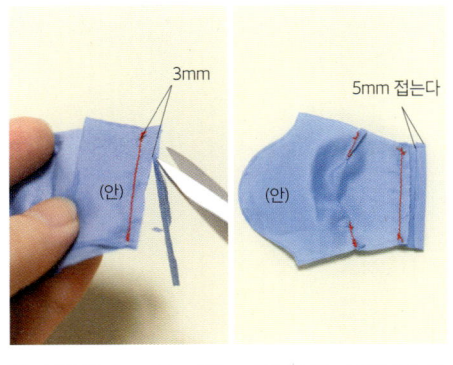

5 시접을 3mm로 자르고 커프스를 소맷부리 쪽
으로 꺾은 다음 안쪽으로 뒤집어 커프스 시접
을 안쪽으로 5mm 접는다.

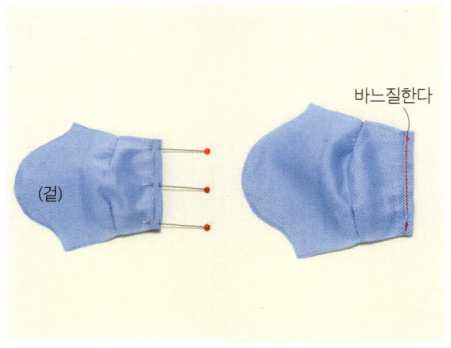

6 소맷부리의 시접을 감싸듯이 커프스를 접어 다
림질하고 시침핀으로 고정한다. 겉 쪽에서 스티
치로 바느질한다.

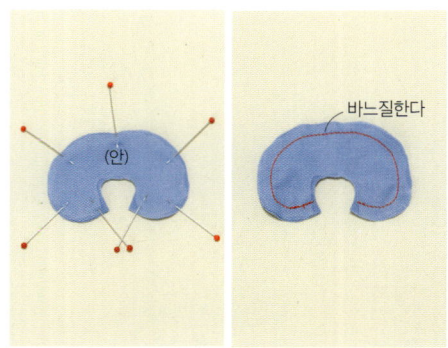

7 옷깃의 겉과 겉을 마주 대고 시침핀으로 고정
한 뒤 목둘레만 남기고 바느질한다.

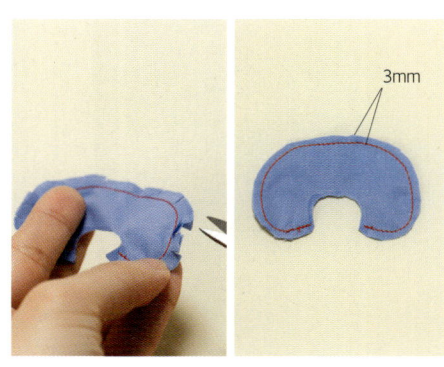

8 시접의 곡선을 따라 작게 가위집을 낸다. 시접
은 3mm가 되도록 가지런하게 자른다.

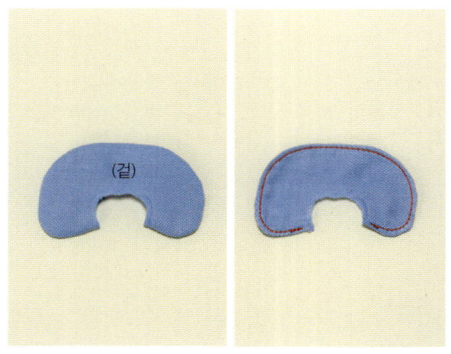

9 겹자로 겉면이 나오게 뒤집은 뒤 바깥쪽에서
스티치로 바느질한다.

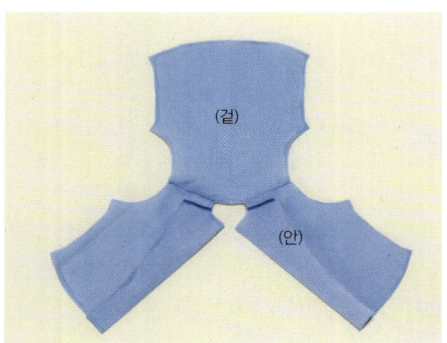

10 몸판의 안감을 중심선에 따라 접는다.

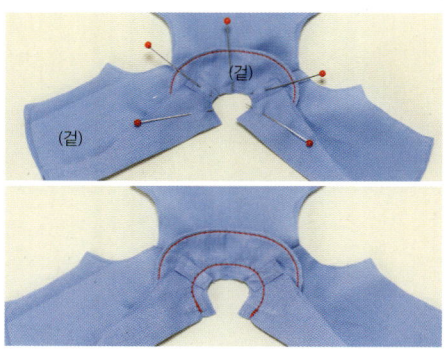

11 옷깃을 몸판의 목둘레에 맞춰 시침핀으로 고
정한 뒤 바느질한다.

12 시접을 따라 세밀하게 가위집을 낸다.

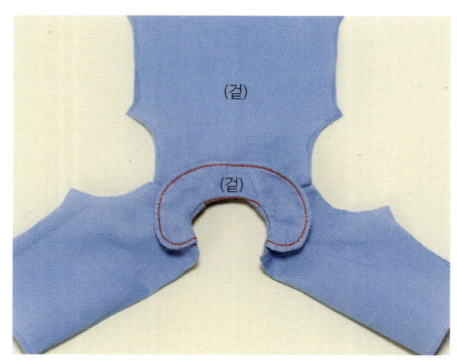

13 안단을 바깥으로 뒤집어 목둘레의 시접을 뒤
로 접고 다림질한다.

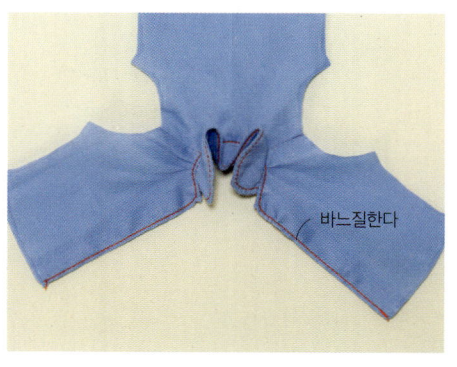

14 중심선에서 목둘레까지의 시접을 누르듯이
겉 쪽에서 스티치로 바느질한다.

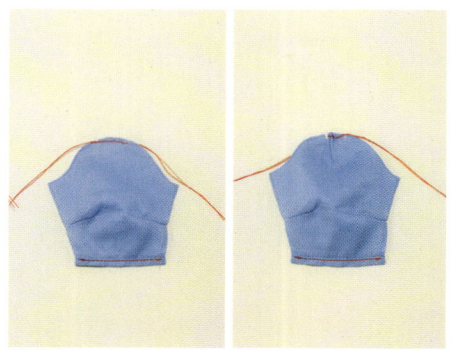

15 소매산에 홈질을 하고 실을 당겨 주름을 잡은
뒤 매듭을 지어 고정한다.

16 몸판의 진동에 세밀하게 가위집을 낸다.

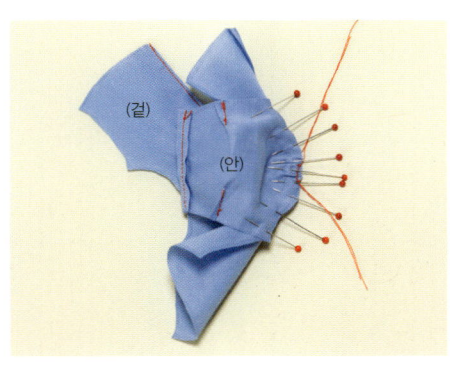

17 진동의 겉과 소매의 겉을 마주 대고 시침핀으로 고정한다.

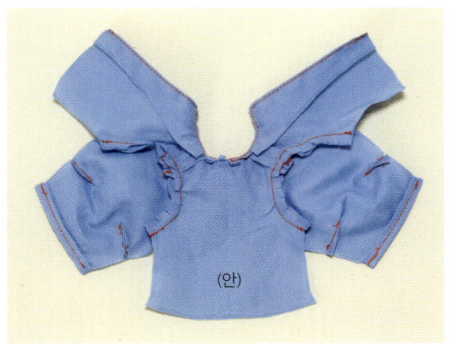

18 양 소매를 바느질하고 시접을 소매 쪽으로 눕혀 다림질한다.

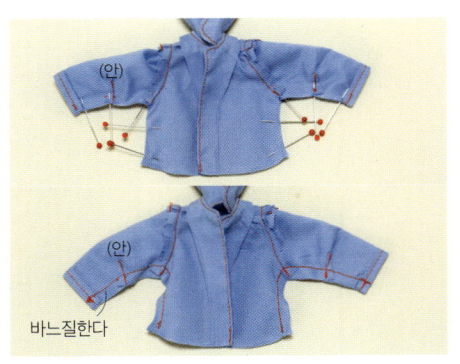

19 소매 아랫부분의 겉과 옆선의 겉을 마주 대고 시침핀으로 고정한 뒤 바느질한다.

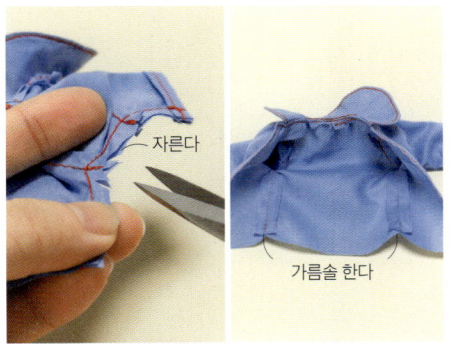

20 겨드랑이의 시접에 팔자로 가위집을 내고 옆구리의 시접을 가름솔 하여 다림질한다.

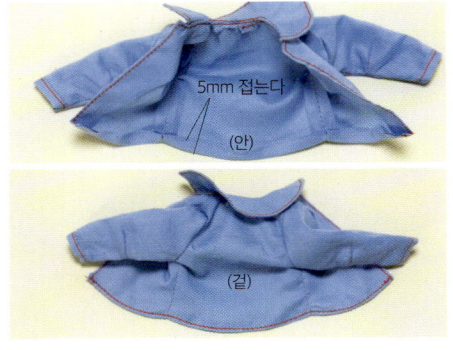

21 블라우스의 옷단을 다림질하여 뒤로 접고 겉쪽에서 스티치로 바느질한다.

22 앞섶의 안쪽에 걸고리 단추의 수단추를 달고 겹치는 부분에는 실고리를 단다.

23 앞섶에 비즈 5개를 일정한 간격으로 단다.

24 가장 좋아하는 장미 자수를 달아보았다. (자수 방법은 40쪽 참조)

55

Lesson 4
반소매 블라우스

$\backsim$ Size $\backsim$

S 20~22cm의 인형을 대상으로 하고 있습니다. S 사이즈에 적합한 인형은 루루코(퓨어니모 XS), 초대 리카, 쿠쿠클라라입니다.

M 22~24cm의 인형을 대상으로 하고 있습니다. M 사이즈에 적합한 인형은 타이니 벳시 맥콜, 네오 브라이스, 리카, 퓨어니모 S/M(EX☆CUTE) 페퍼입니다.

L 26~29cm의 인형을 대상으로 하고 있습니다. L 사이즈에 적합한 인형은 임다돌2.6, 모모꼬, 유노아 크루스라이트 후로우라이트, 미사키, 신디, 타미, 바비입니다.

+ 준비물

S 60수 면(퀼트 천) 10×30cm, 3mm 폭 소맷부리용 고무줄 12cm, 1.5cm 폭 벨크로 테이프 5.5cm, 장식용 펄 비즈 1개

M 60수 면(퀼트 천) 10×36cm, 3mm 폭 소맷부리용 고무줄 12cm, 1.5cm 폭 벨크로 테이프 6cm, 장식용 펄 비즈 1개

L 60수 면(퀼트 천) 11×40cm, 3mm 폭 소맷부리용 고무줄 12cm, 1.5cm 폭 벨크로 테이프 7cm, 장식용 펄 비즈 1개

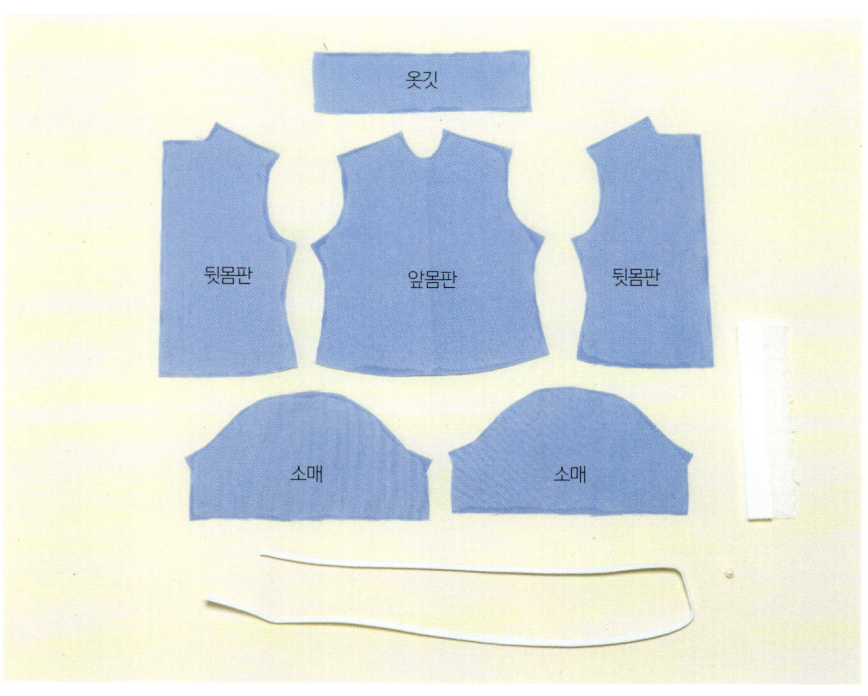

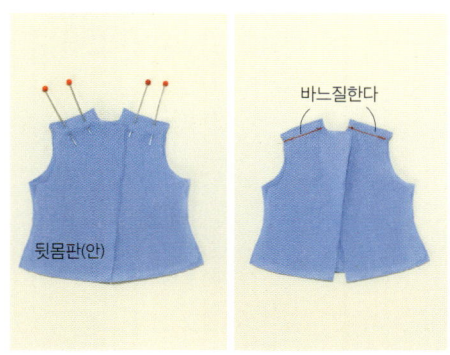

1 각 원단을 재단한 뒤 올 풀림 방지액을 바른다. 앞몸판의 겉과 뒷몸판의 겉을 마주 대고 시침 핀으로 고정한 뒤 어깨선을 바느질한다.

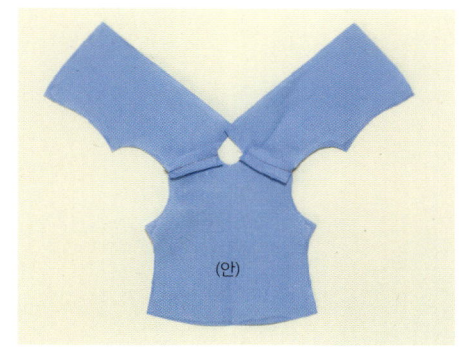

2 어깨의 시접을 가름솔 하여 다림질한다.

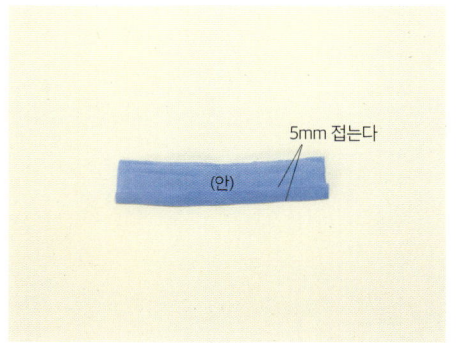

3 옷깃을 5mm로 접은 뒤 다림질한다.

4 몸판의 목둘레를 따라 가위집을 내고 뒤 중심의 시접을 접어 다림질한다.

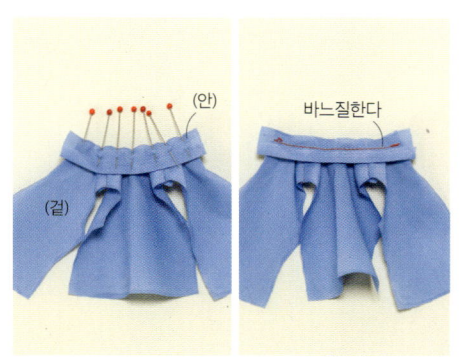

5 옷깃과 몸판의 겉과 겉을 마주 대고 시침핀으로 고정하고 바느질한다.

6 시접을 1~2mm 잘라낸다.

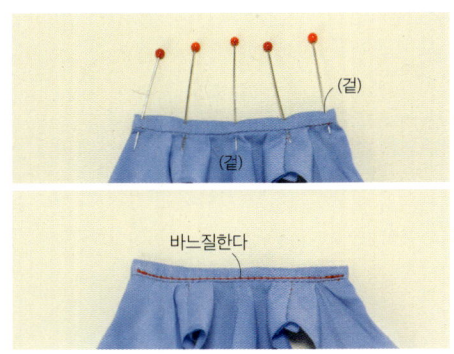

7 옷깃을 세우고 시접을 감싸듯이 뒤로 접어 시
침핀으로 고정한 뒤 겉 쪽에서 스티치로 바느
질한다.

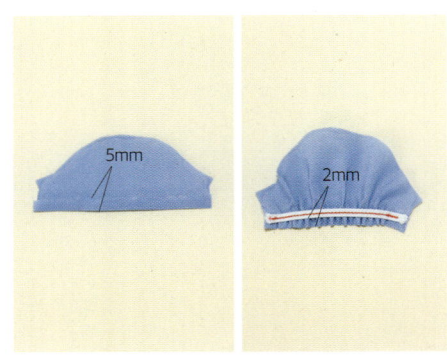

8 소맷부리 쪽 시접을 5mm 접어 다림질한다. 소
맷단 끝에서 2mm 위쪽에 고무줄을 대고 옷본
에 기재된 길이가 되도록 늘리면서 바느질한다.

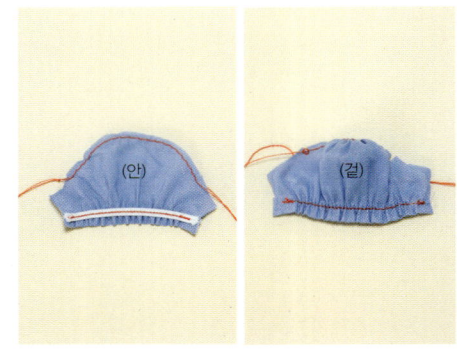

9 소매산에 홈질을 하고 양쪽 실을 당겨 주름을
잡은 뒤 매듭을 지어 고정한다.

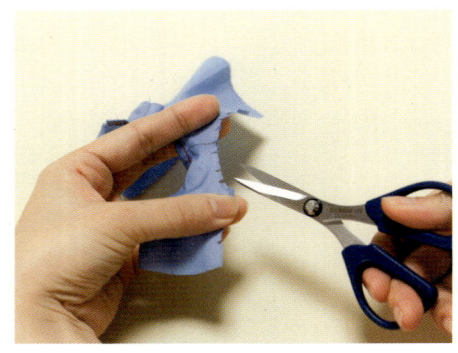

10 몸판의 진동을 따라 가위집을 낸다.

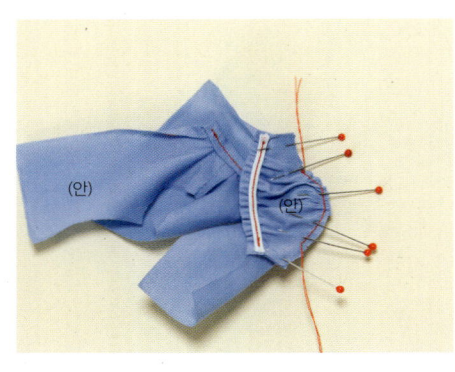

11 소매와 몸판의 진동 부분을 겉과 겉을 마주
대어 시침핀으로 고정한 뒤 바느질한다.

12 몸판에 양 소매를 연결한 모습.

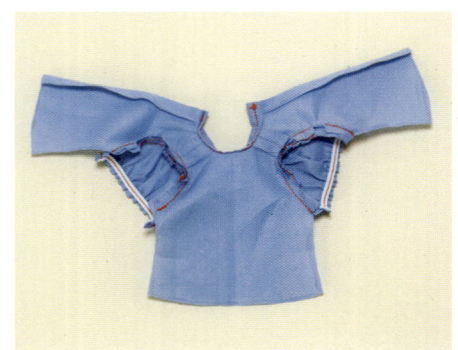

13 시접은 소매 쪽으로 눕힌다.

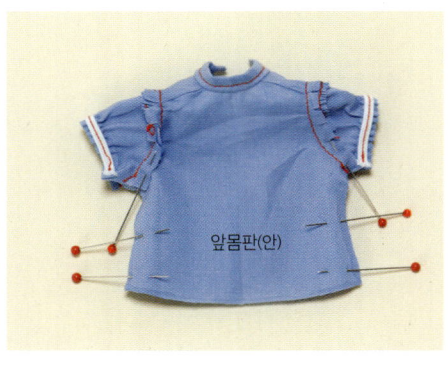

14 소매 아랫부분의 겉과 옆선의 겉을 마주 대고
시침핀으로 고정한다.

15 소매 아랫부분과 옆선을 바느질한다.

16 겨드랑이에 삼각형으로 가위집을 낸다.

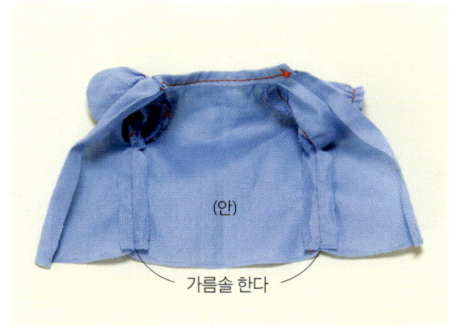

17 옆선의 시접을 가름솔 하여 다림질한다.

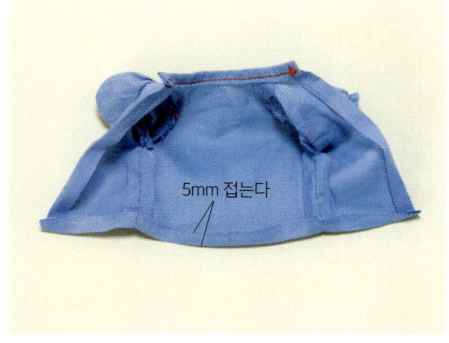

18 블라우스의 옷단 시접을 안쪽으로 5mm 접어 다림질한다.

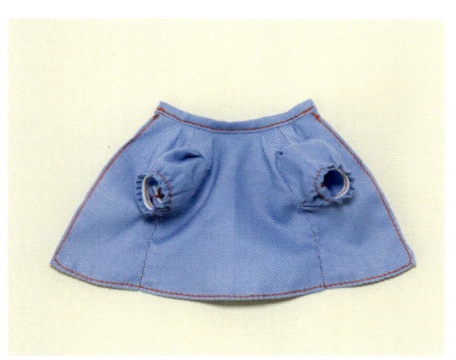

19 뒤쪽 중앙에서 옷단과 반대쪽 중앙까지 겉 쪽에서 스티치로 바느질한다.

20 뒤여밈에 벨크로 테이프를 대고 바느질한다.

21 옷깃 하단에 비즈를 달아 장식하면 완성.

Lesson 5

타이트스커트

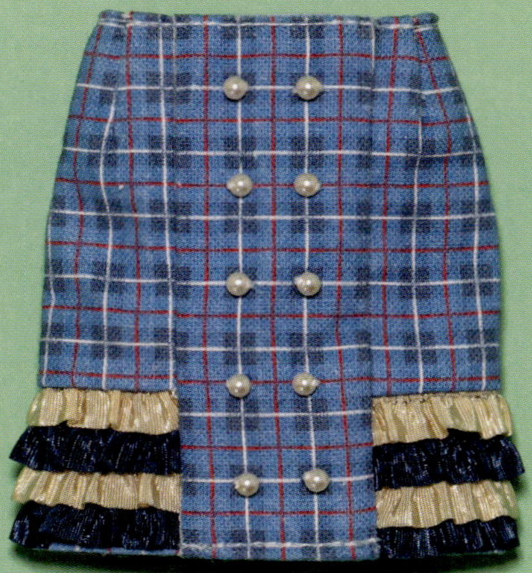

Size

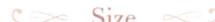

S 20~22cm의 인형을 대상으로 하고 있습니다. S 사이즈에 적합한 인형은 루루코(퓨어니모 XS), 초대 리카, 타이니 벳시 맥콜, 쿠쿠클라라입니다.

M 22~24cm의 인형을 대상으로 하고 있습니다. M 사이즈에 적합한 인형은 네오 브라이스, 리카, 퓨어니모 S/M(EX☆CUTE)입니다.

L 26~29cm의 인형을 대상으로 하고 있습니다. L 사이즈에 적합한 인형은 모모꼬, 유노아 크루스라이트 후로우라이트, 미사키, 신디, 바비, 페퍼입니다.

S 스커트용 면 천 10×32cm, 1cm 폭 장식용 주름 리본 A 24cm, 1cm 폭 주름 리본 B 24cm, 똑딱단추 1세트, 펄 비즈 8개

M 스커트용 면 천 11×32cm, 1cm 폭 장식용 주름 리본 A 24cm, 1cm 폭 주름 리본 B 24cm, 똑딱단추 1세트, 펄 비즈 10개

L 스커트용 면 천 12×34cm, 1cm 폭 장식용 주름 리본 A 30cm, 1cm 폭 주름 리본 B 24cm, 똑딱단추 1세트, 펄 비즈 12개

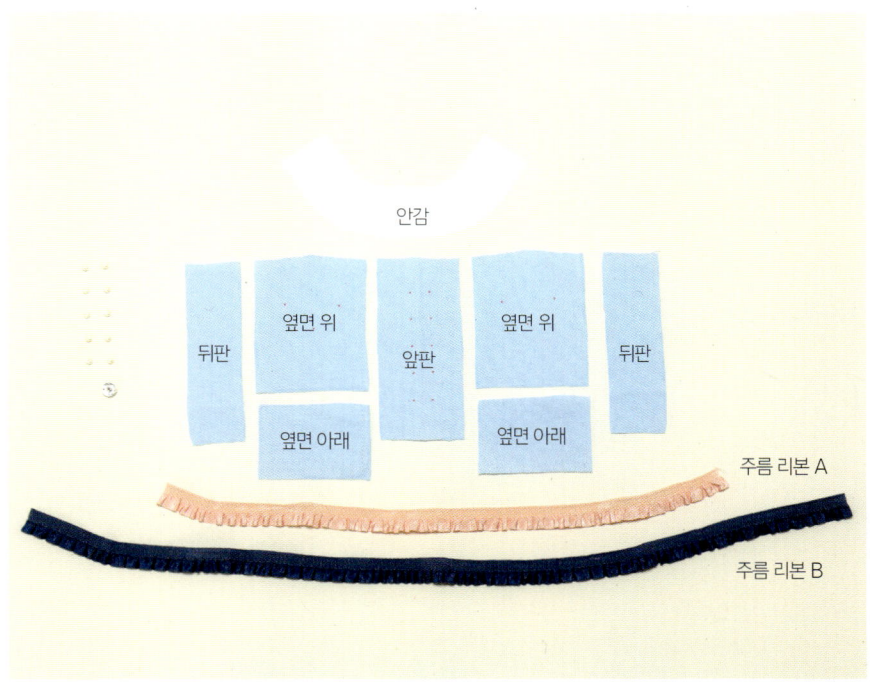

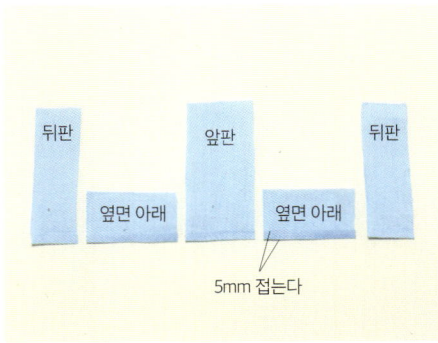

1 각 원단을 재단한 뒤 올 풀림 방지액을 바른다. 앞판, 뒤판, 옆면 아래의 옷단의 시접을 5mm씩 접어 다림질한다.

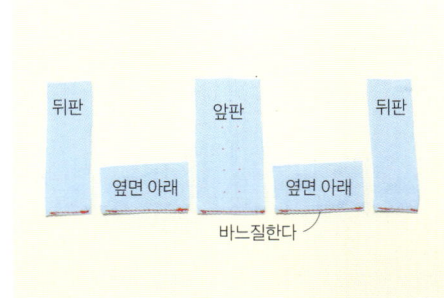

2 앞판과 뒤판, 옆면 아래를 각각 겉 쪽에서 스티치로 바느질한다.

3 옆면 아래의 옷단에 주름 리본 A를 포개고 시침핀으로 고정한 뒤 겉 쪽에서 스티치로 바느질한다.

4 주름 리본 A 위쪽에 주름 리본 B를 포개고 시침핀으로 고정한 뒤 겉 쪽에서 스티치로 바느질한다.

5 다시 한번 주름 리본 A와 주름 리본 B를 포개 바느질한다. (4를 반복)

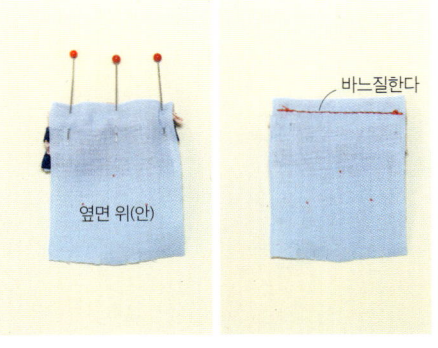

6 옆면 위의 겉과 옆면 아래의 겉을 마주 대고 시침핀으로 고정한 뒤 시침질로 바느질한다.

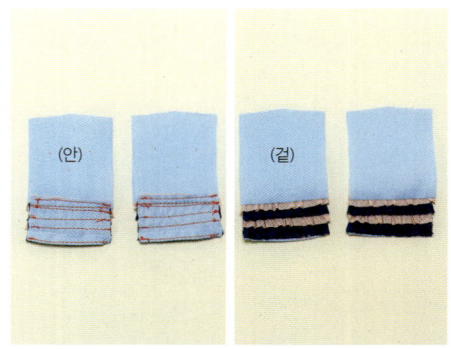

7 위아래를 붙인 옆면을 뒤집은 뒤 손으로 눌러 시접을 허리 쪽으로 눕힌다.

8 옆면 위의 다트를 바느질한 뒤 좌우의 작은 다트를 바깥쪽으로 눕혀 다림질한다.

9 중앙 다트의 끝부분에 5mm 길이로 가위집을 낸다.

10 중앙의 다트를 좌우로 갈라 접어 다림질한다.

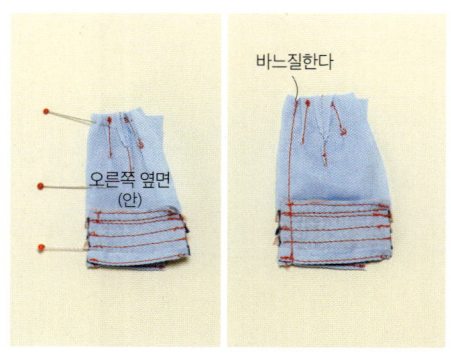

11 오른쪽 옆면의 겉과 앞판의 겉을 마주 대고 시침핀으로 고정한 뒤 바느질한다.

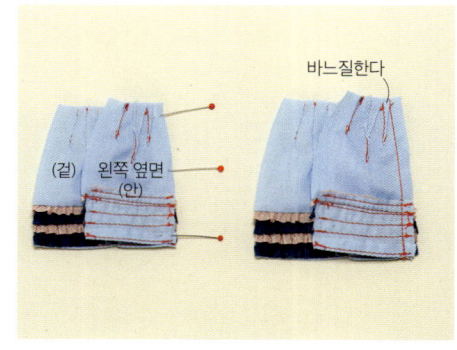

12 11의 겉과 왼쪽 옆면 겉을 마주 대고 시침핀으로 고정한 뒤 바느질한다.

13 바느질이 끝나면 뒤집어 시접을 앞판 쪽으로 눕힌다.

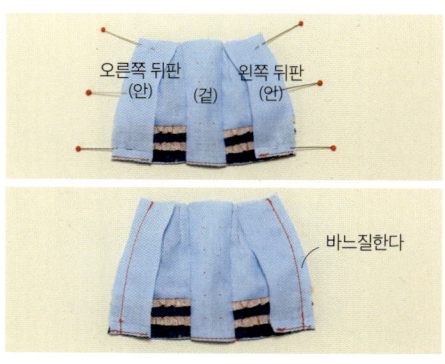

14 오른쪽 옆면과 왼쪽 옆면의 뒤판끼리 겉과 겉을 마주 대고 시침핀으로 고정한 뒤 바느질한다.

15 스커트 본체를 완성한 모습.

16 스커트 허리 부분의 겉과 안감의 겉을 마주 대고 시침핀으로 고정한 뒤 바느질한다.

17 시접의 모서리를 잘라낸다.

18 안감을 뒤로 넘겨 정돈한 뒤 시침핀으로 고정한다.

19 허리선을 겉 쪽에서 스티치로 바느질한다.

20 앞판에 펄 비즈를 달아 장식한다.

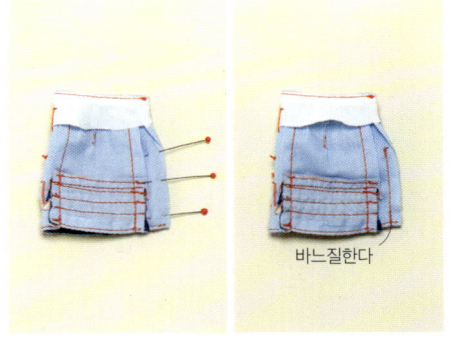

21 뒷면 중앙에 맞춰 겉과 겉이 마주하도록 접는다. 트임 끝까지 시침핀으로 고정한 뒤 트임 끝과 옷단을 바느질한다.

22 손을 사용해 시접을 좌우로 벌린다.

23 겉면이 나오도록 뒤집어 뒤여밈에 똑딱단추를 단다.

24 완성.

Lesson 6
랩스커트

⟨ Size ⟩

S 20~22cm의 인형을 대상으로 하고 있습니다. S 사이즈에 적합한 인형은 루루코(퓨어니모 XS), 초대 리카, 타이니 벳시 맥콜, 쿠쿠클라라입니다.

M 22~24cm의 인형을 대상으로 하고 있습니다. M 사이즈에 적합한 인형은 네오 브라이스, 리카, 퓨어니모 S/M(EX☆CUTE)입니다.

L 27~29cm의 인형을 대상으로 하고 있습니다. L 사이즈에 적합한 인형은 모모꼬, 유노아 크루스라이트 후로우라이트, 미사키, 신디, 바비입니다.

LL 26~29cm의 인형을 대상으로 하고 있습니다. LL 사이즈에 적합한 인형은 임다돌2.6, 페퍼, 타미입니다.

+ 준비물

S 스커트 A용 면 천 7.5×7.5cm, 스커트 B용 면 천 7.5×16cm, 허리띠용 천 3×12cm, 똑딱단추 1세트

M 스커트 A용 면 천 8.5×9.5cm, 스커트 B용 면 천 8.5×18cm, 허리띠용 천 3×14cm, 똑딱단추 1세트

L 스커트 A용 면 천 10.5×9.5cm, 스커트 B용 면 천 10.5×18cm, 허리띠용 천 3×14cm, 똑딱단추 1세트

LL 스커트 A용 면 천 10×9.5cm, 스커트 B용 면 천 10.5×19cm, 허리띠용 천 3×16cm, 똑딱단추 1세트

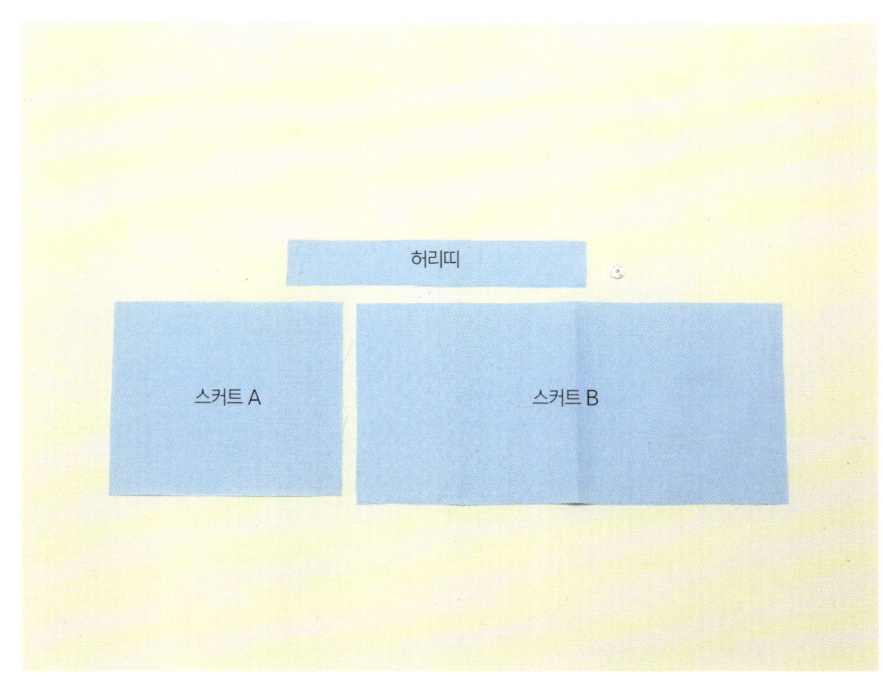

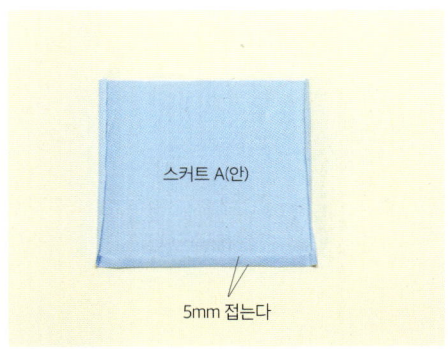

1 각 원단을 재단한 뒤 올 풀림 방지액을 바른다. 스커트 A의 허리 부분을 제외하고 시접을 5mm씩 접어 다림질한다.

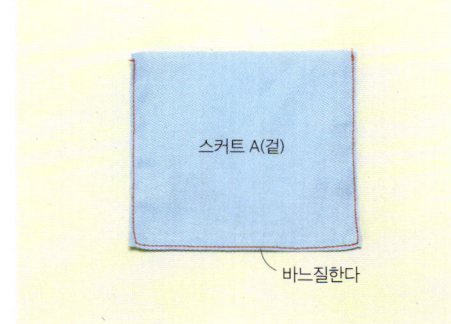

2 겉 쪽에서 스티치로 바느질한다.

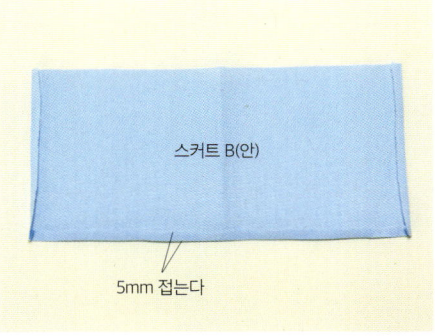

3 스커트 B의 허리 부분을 남기고 시접을 5mm씩 접어 다림질한다.

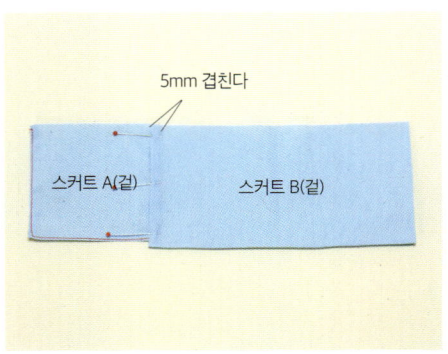

4 스커트 A에 스커트 B를 5mm 겹치고 시침핀으로 고정한다.

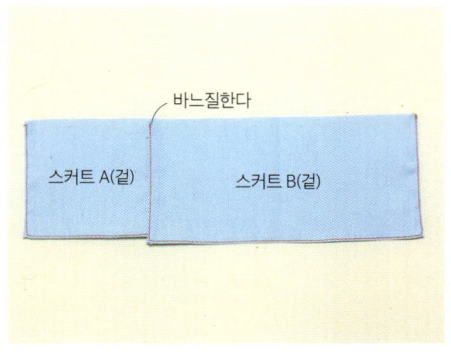

5 스커트 B의 허리 부분을 제외하고 겉 쪽에서 바느질한다. 이때 스커트 A와 겹치는 부분은 함께 바느질한다.

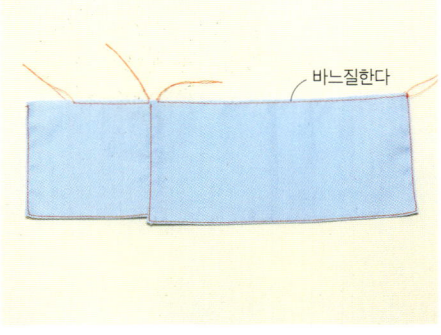

6 옷본에 기재된 위치대로 스커트 A와 B를 각각 홈질한다.

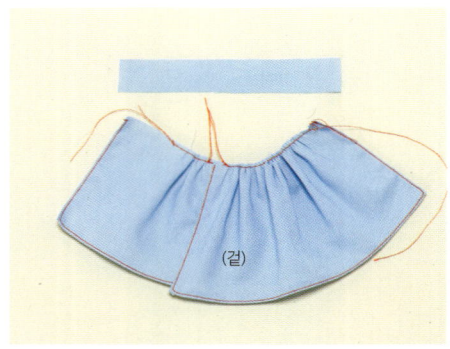

7 허리띠 길이에 맞추어 실을 당겨 주름을 잡은
뒤 매듭을 지어 고정한다. 다림질해 정돈한다.

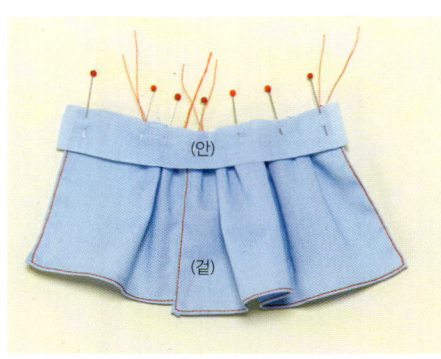

8 스커트 본체의 겉과 허리띠의 겉을 마주 대고
시침핀으로 고정한다.

9 허리 부분을 바느질한다.

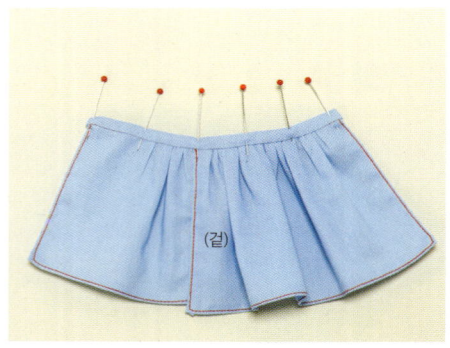

10 허리띠를 세워 시접을 감싸듯이 뒤로 넘기고
시침핀으로 고정한다.

11 겉 쪽에서 허리띠의 가장자리를 따라 스티치
로 바느질한다.

12 겹친 스커트의 올라온 쪽 허리띠 뒤편에 똑딱
단추의 암단추를 단다.

13 인형의 허리둘레에 맞춰 똑딱단추의 수단추
위치를 정한다.

14 13에서 정한 위치에 똑딱단추의 수단추를 달
아준다.

15 완성.

Lesson 7

에이프런

~ Size ~

S 20~22cm의 인형을 대상으로 하고 있습니다. S 사이즈에 적합한 인형은 초대 리카, 쿠쿠클라라입니다.

M 22~24cm의 인형을 대상으로 하고 있습니다. M 사이즈에 적합한 인형은 루루코(퓨어니모 XS), 타이니 벳시 맥콜, 네오 브라이스, 리카, 퓨어니모 S/M(EX☆CUTE)입니다.

L 26~29cm의 인형을 대상으로 하고 있습니다. L 사이즈에 적합한 인형은 페퍼, 임다돌2.6, 모모꼬, 유노아 크루스라이트 후로우라이트, 미사키, 신디, 타미입니다.

S 리넨 12×30cm, 똑딱단추 2세트

M 리넨 15×30cm, 똑딱단추 2세트

L 리넨 16×32cm, 똑딱단추 2세트

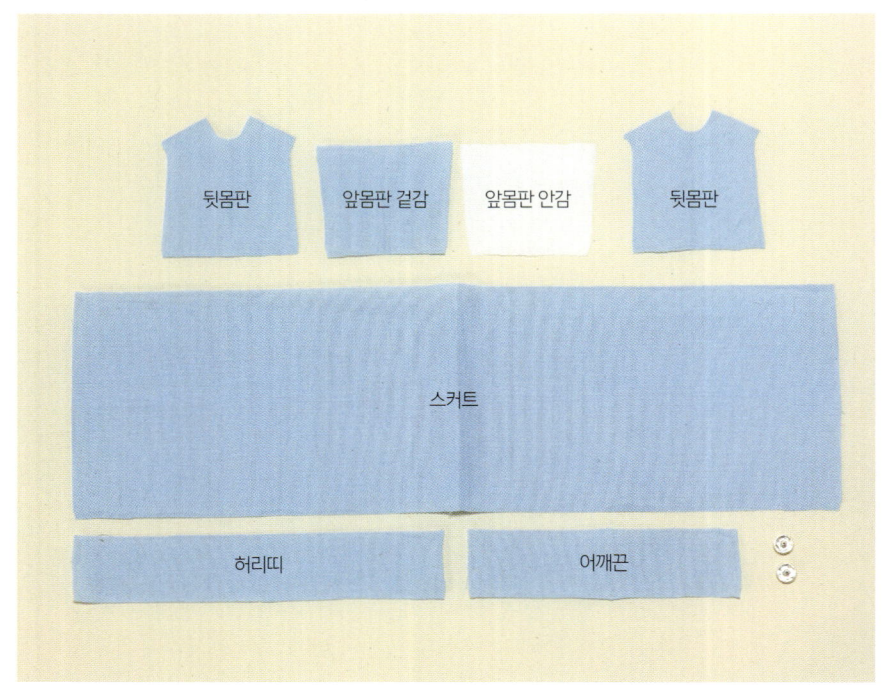

뒷몸판 · 앞몸판 겉감 · 앞몸판 안감 · 뒷몸판

스커트

허리띠 · 어깨끈

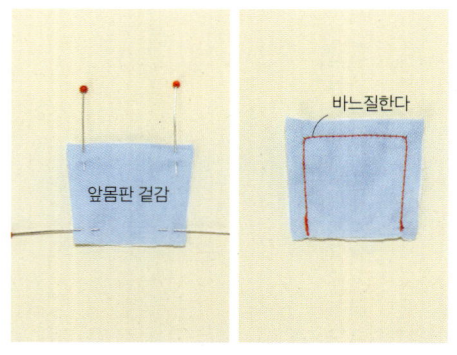

앞몸판 겉감

바느질한다

1 각 원단을 재단한 뒤 올 풀림 방지액을 바른다. 앞몸판 겉감과 안감의 겉과 겉을 마주 대고 시침핀으로 고정한 뒤 창구멍만 남기고 바느질한다.

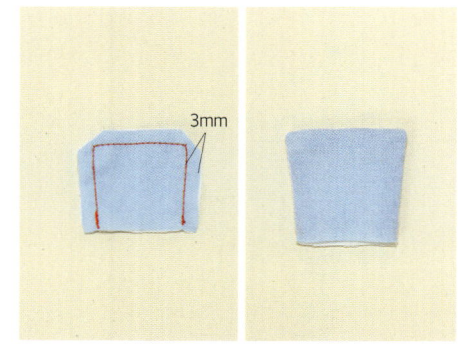

3mm

2 시접을 3mm 남기고 자른다. 시접의 모서리도 자른 뒤 겸자로 뒤집는다.

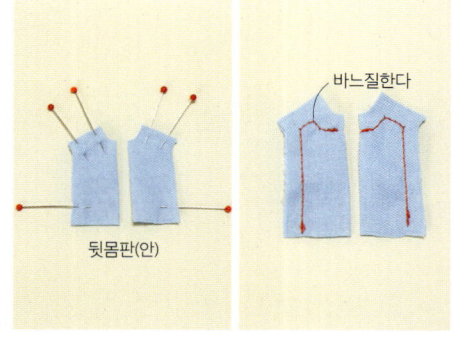

바느질한다

뒷몸판(안)

3 양쪽의 뒷몸판을 겉감과 안감의 겉과 겉이 마주하도록 시침핀으로 고정하고 허리의 창구멍만 남기고 바느질한다.

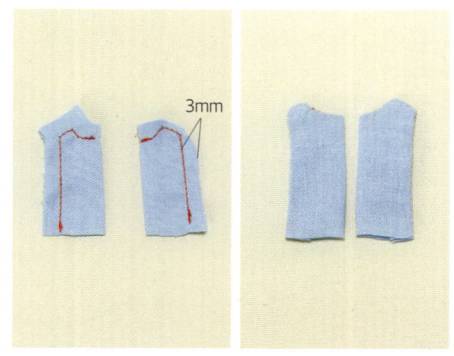

3mm

4 시접을 3mm 남기고 자른다. 시접의 모서리도 자른 뒤 겸자로 뒤집는다.

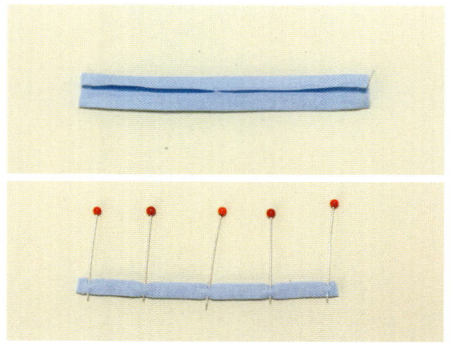

5 어깨끈을 반으로 접었다 편 뒤 그 접선을 따라 양끝을 접는다. 그 상태에서 다시 반으로 접고 시침핀으로 고정한다.

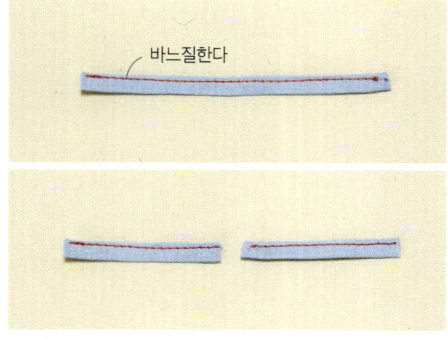

바느질한다

6 테두리의 반대쪽을 스티치로 바느질하고 반으로 자른다.

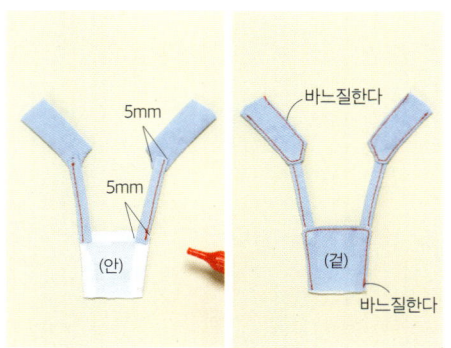

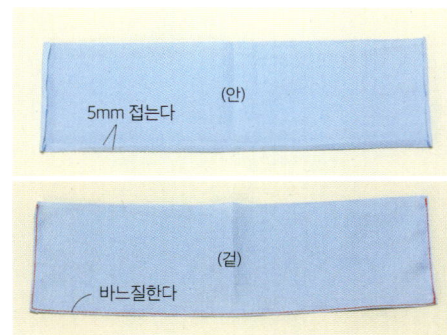

7 섬유 접착제를 사용해 어깨끈을 앞몸판과 뒷몸판에 각각 고정한다. 허리를 제외하고 앞몸판과 뒷몸판을 스티치로 바느질한다.

8 스커트의 허리를 제외하고 시접을 5mm로 접어 다림질하고 겉 쪽에서 스티치로 바느질한다.

9 스커트의 허리에 홈질을 한다. 양쪽 실을 당겨 허리띠 길이에 맞춰 주름을 잡은 뒤 매듭을 지어 고정한다.

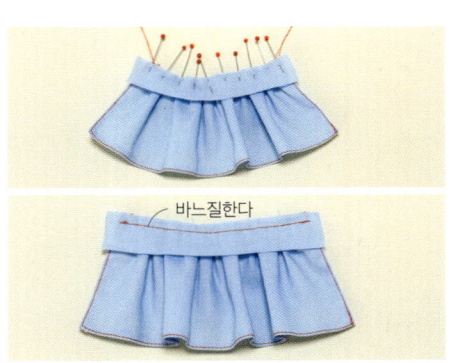

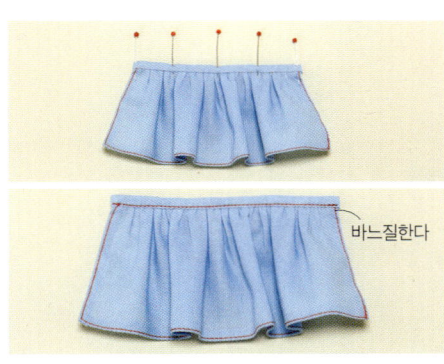

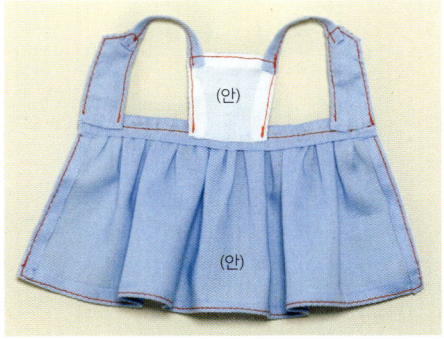

10 스커트의 겉과 허리띠의 겉을 마주 대고 시침핀으로 고정한 뒤 바느질한다.

11 허리띠를 세우고 시접을 감싸듯이 뒤로 넘겨 시침핀으로 고정한다. 허리띠의 가장자리를 겉 쪽에서 스티치로 바느질한다.

12 몸판의 허리 시접에 섬유 접착제를 발라 허리띠를 고정한다.

13 겉 쪽에서 허리띠 라인을 따라 스티치로 바느질한다.

14 뒤여밈에 똑딱단추를 단다.

15 완성.

69

Lesson 8
로브

~ Size ~

S 20~22cm의 인형을 대상으로 하고 있습니다. S 사이즈에 적합한 인형은 루루코(퓨어니모 XS), 타이니 벳시 맥콜, 초대 리카, 쿠쿠클라라입니다.

M 22~24cm의 인형을 대상으로 하고 있습니다. M 사이즈에 적합한 인형은 네오 브라이스, 리카, 퓨어니모 S/M(EX☆CUTE), 페퍼입니다.

L 26~29cm의 인형을 대상으로 하고 있습니다. L 사이즈에 적합한 인형은 임다돌2.6, 모모꼬, 유노아 크루스라이트 후로우라이트, 미사키, 신디, 타미, 바비입니다.

+ 준비물

S 망사 천 18×28cm, 7mm 폭 레이스 50cm, 장식용 리본 2개

M 망사 천 21×32cm, 7mm 폭 레이스 60cm, 장식용 리본 2개

L 망사 천 25×38cm, 7mm 폭 레이스 65cm, 장식용 리본 2개

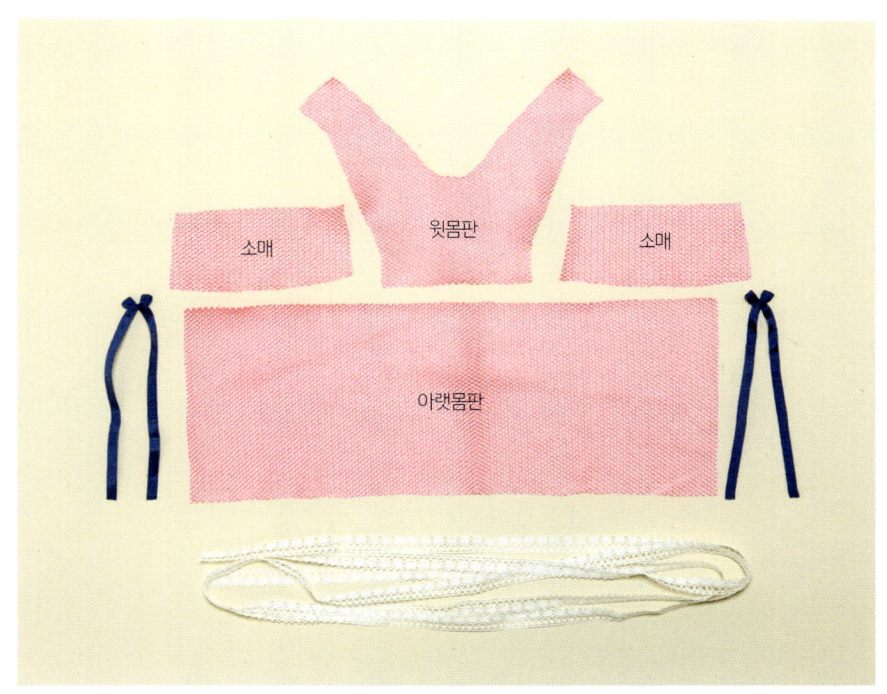

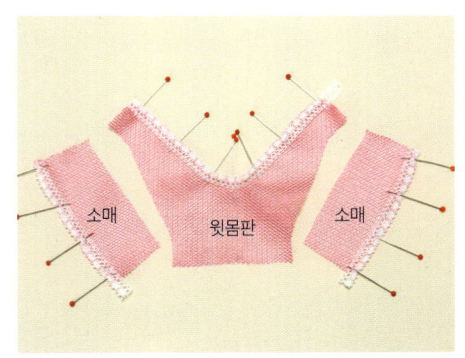

1 각 원단을 재단한다. 윗몸판의 목둘레와 소맷부리에 레이스를 올린 뒤 시침핀으로 고정해 흐트러짐을 막는다.

2 윗몸판의 목둘레와 소맷부리에 올린 레이스를 겉 쪽에서 각각 바느질한다.

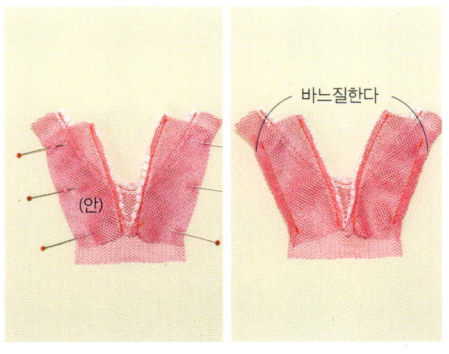

3 윗몸판의 겉과 소매의 겉을 마주 대고 시침핀으로 고정한 뒤 바느질한다.

4 시접을 소맷부리 쪽으로 눕힌다.

5 소매 아랫부분과 옆선의 겉과 겉을 마주 대고 시침핀으로 고정한다.

6 소매 아랫부분과 옆선을 바느질한다.

7 윗몸판을 겉면이 나오도록 뒤집는다.

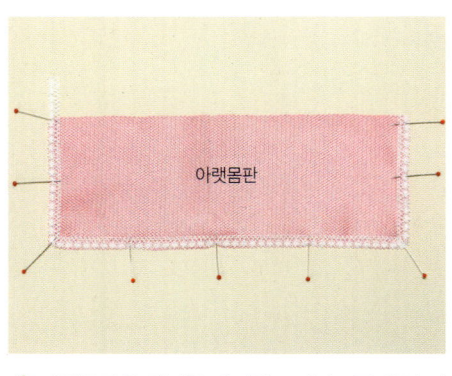

8 아랫몸판은 허리를 제외하고 레이스를 올린 뒤
시침핀으로 고정한다.

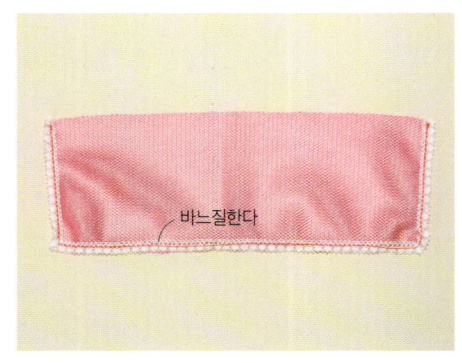

9 아랫몸판과 레이스를 바느질한다.

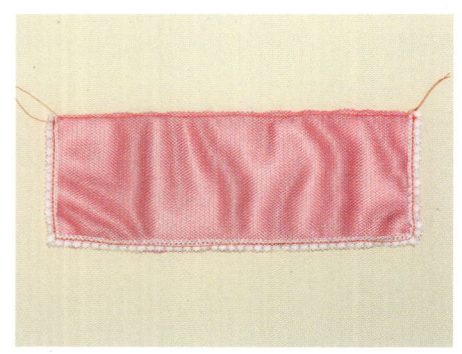

10 허리에 홈질을 한다.

11 윗몸판에 맞춰서 아랫몸판 허리 양쪽 실을
당겨 주름을 잡은 뒤 매듭을 지어 고정한다.

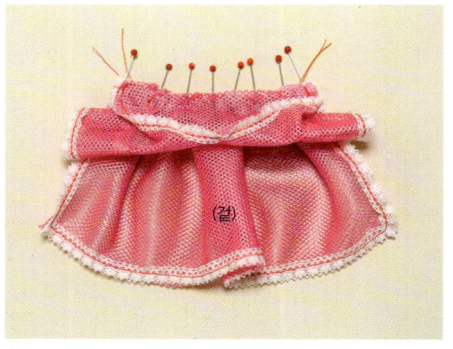

12 윗몸판과 아랫몸판의 허리를 겉과 겉이 마주
하도록 시침핀으로 고정한다.

13 윗몸판과 아랫몸판을 바느질한다.

14 시접을 손으로 눌러 윗몸판 쪽으로 눕힌다.

15 허리에 리본을 달면 완성.

Lesson 9

뷔스티에

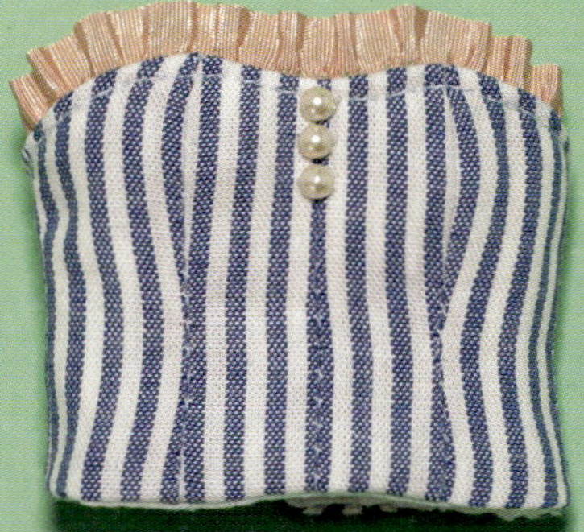

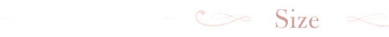

Size

S 20~22cm의 인형을 대상으로 하고 있습니다. S 사이즈에 적합한 인형은 루루코(퓨어니모 XS), 쿠쿠클라라입니다.

M 22~24cm의 인형을 대상으로 하고 있습니다. M 사이즈에 적합한 인형은 네오 브라이스, 리카입니다.

L 27cm의 인형을 대상으로 하고 있습니다. L 사이즈에 적합한 인형은 모모꼬, 유노아 크루스라이트 후로우라이트입니다.

LL 26cm의 인형을 대상으로 하고 있습니다. LL 사이즈에 적합한 인형은 임다돌2.6입니다.

+ 준비물

S 겉감, 안감용 60수 면 각 5×20cm, 1.5cm 폭 벨크로 테이프 2cm, 1cm 폭 주름 리본 22cm, 펄 비즈 3개

M 겉감, 안감용 60수 면 각 6×22cm, 1.5cm 폭 벨크로 테이프 2.5cm, 1cm 폭 주름 리본 22cm, 펄 비즈 3개

L 겉감, 안감용 60수 면 각 7×22cm, 1.5cm 폭 벨크로 테이프 3cm, 1cm 폭 주름 리본 22cm, 펄 비즈 3개

LL 겉감, 안감용 60수 면 각 6×26cm, 1.5cm 폭 벨크로 테이프 3cm, 1cm 폭 주름 리본 26cm, 펄 비즈 3개

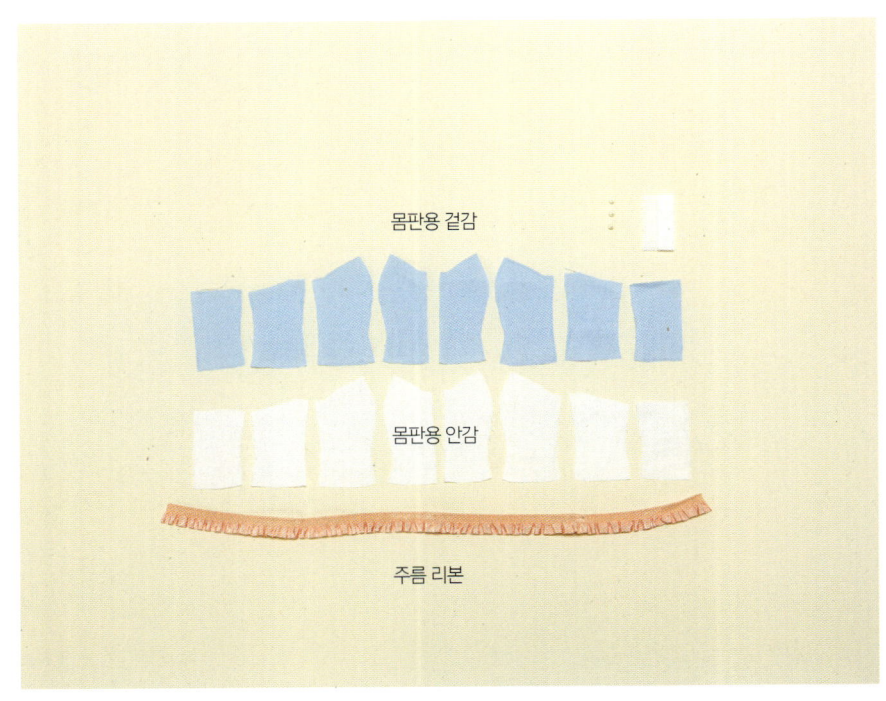

몸판용 겉감

몸판용 안감

주름 리본

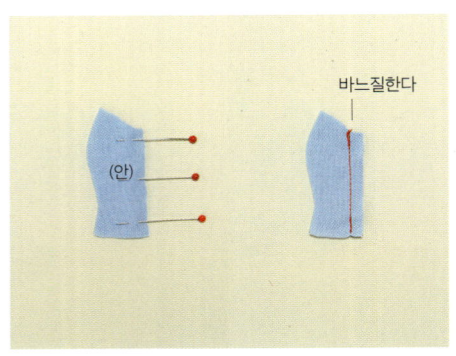

1 각 원단을 재단한 뒤 올 풀림 방지액을 바른다. 몸판의 파츠를 가운데부터 순서대로 겉과 겉이 마주하도록 시침핀으로 고정하고 바느질한다.

2 중앙의 몸판 두 장을 바느질한 뒤 펼친 모습.

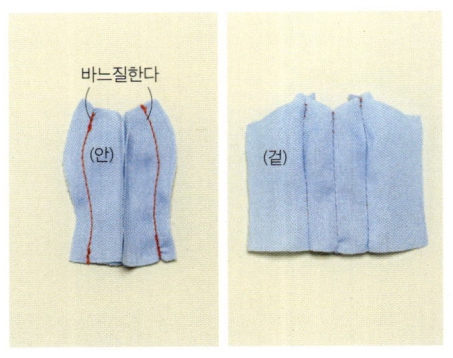

3 똑같은 방법으로 다음 파츠를 겉과 겉이 마주 하도록 좌우에 고정하고 바느질한다.

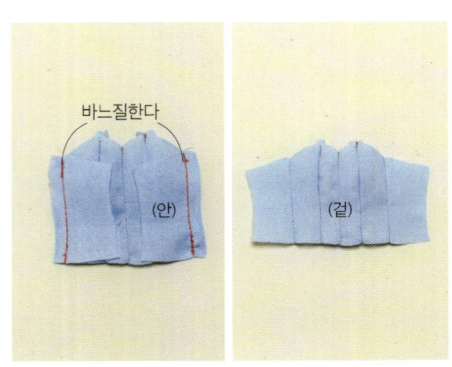

4 다음 파츠 2장을 추가해 바느질한 뒤 펼친 모습.

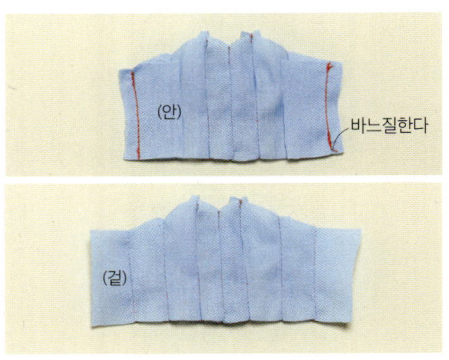

5 마지막 파츠까지 똑같은 방법으로 겉과 겉을 마주 대고 바느질한다.

6 시접은 전부 가름솔 하여 다림질한다.

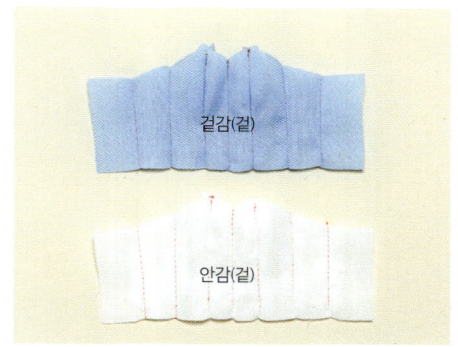

7 안감도 똑같이 바느질한다.

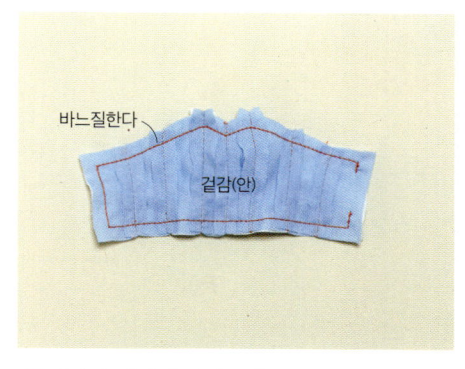

8 겉감과 안감의 겉과 겉을 마주 대고 창구멍을
제외한 나머지를 바느질한다.

9 시접의 모서리를 자른다.

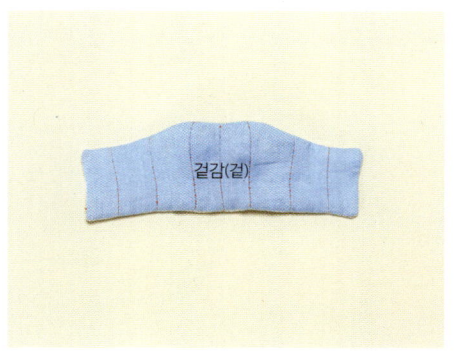

10 겸자를 사용해 뒤집고 창구멍을 공그르기로
바느질한다.

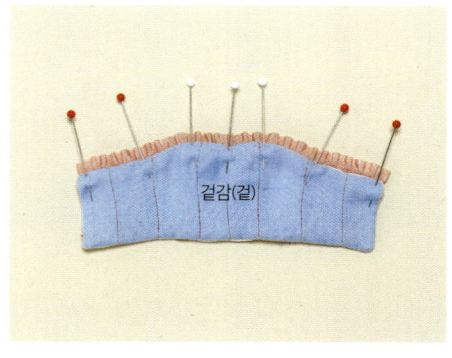

11 몸판의 안감 상단에 주름 리본을 맞추고 시침
핀으로 고정한다.

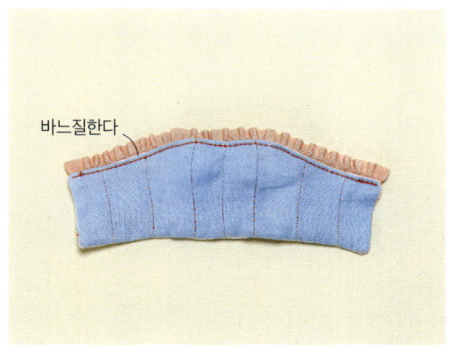

12 겉면에서 스티치로 바느질한다.

13 뒷면 양쪽에 벨크로 테이프를 대고 바느질한다.

14 앞면 가운데에 비즈를 달아 장식하면 완성.

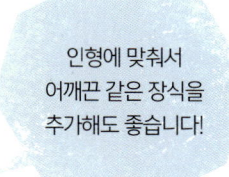

인형에 맞춰서
어깨끈 같은 장식을
추가해도 좋습니다!

Lesson 10
드로어즈

Size

S 20~22cm의 인형을 대상으로 하고 있습니다. S 사이즈에 적합한 인형은 타이니 벳시 맥콜, 초대 리카, 쿠쿠클라라입니다.

M 22~24cm의 인형을 대상으로 하고 있습니다. M 사이즈에 적합한 인형은 루루코(퓨어니모 XS), 네오 브라이스, 리카, 퓨어니모 S/M(EX☆CUTE), 페퍼입니다.

L 27~29cm의 인형을 대상으로 하고 있습니다. L 사이즈에 적합한 인형은 모모꼬, 유노아 크루스라이트 후로우라이트, 미사키, 신디, 타미, 바비입니다.

LL 26cm의 인형을 대상으로 하고 있습니다. LL 사이즈에 적합한 인형은 임다돌2.6입니다.

+ 준비물

S 60수 면 8×22cm, 7mm 폭 레이스 20cm, 3mm 폭
바짓단용 고무줄 12cm, 3mm 폭 허리용 고무줄 15cm,
장식용 리본 2개

M 60수 면 10×24cm, 7mm 폭 레이스 20cm, 3mm 폭
바짓단용 고무줄 12cm, 3mm 폭 허리용 고무줄 16cm, 장
식용 리본 2개

L 60수 면 12×26cm, 7mm 폭 레이스 20cm, 3mm 폭
바짓단용 고무줄 15cm, 3mm 폭 허리용 고무줄 18cm,
장식용 리본 2개

LL 60수 면 12×30cm, 7mm 폭 레이스 24cm, 3mm
폭 바짓단용 고무줄 16cm, 3mm 폭 허리용 고무줄 18cm,
장식용 리본 2개

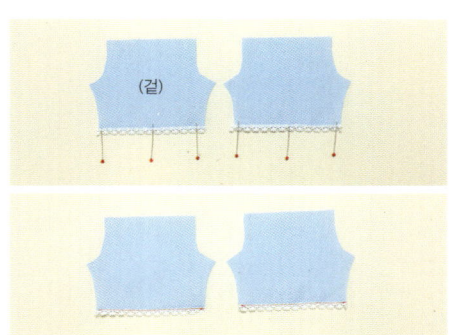

1 재단한 원단에 각각 올 풀림 방지액을 바른다.
바짓단을 5mm 접어 다림질하고 겉 쪽에 레이
스를 올리고 시침핀으로 고정한 뒤 바느질한다.

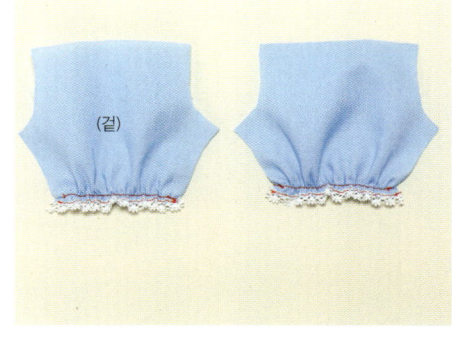

2 바짓단 뒷면 고무줄 위치에 고무줄을 대고 바
느질한다.

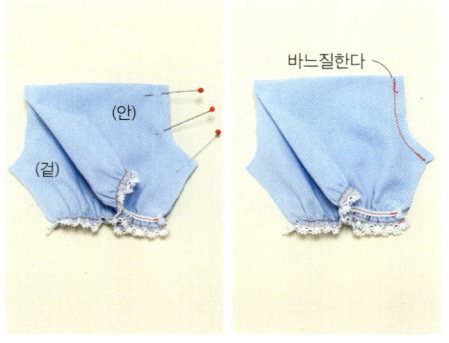

3 좌우 앞면의 가운데를 중심으로 겉과 겉이 마
주하도록 시침핀으로 고정한 뒤 바느질한다.

4 시접의 곡선을 따라 가위집을 낸다.

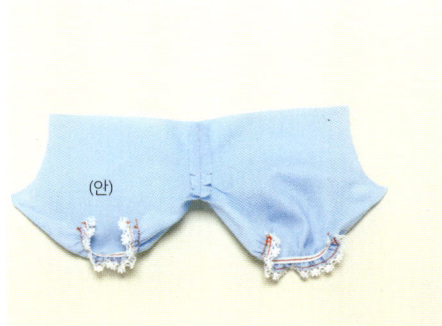

5 시접을 가름솔 하여 다림질한다.

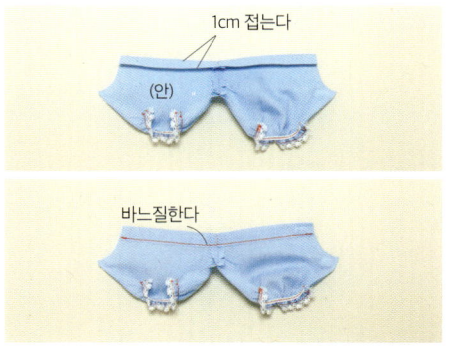

6 허리 위쪽을 1cm 접어 다림질한 뒤 겉 쪽에서
가장자리부터 스티치로 바느질한다.

77

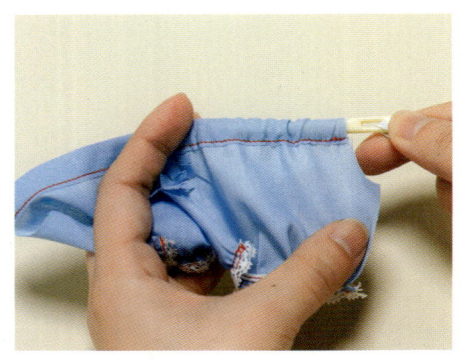

7 고무줄 끼우개로 허리에 고무줄을 끼운다. 이 때 고무줄이 양쪽 끝에 나올 정도로 조금 팽팽하게 당긴다.

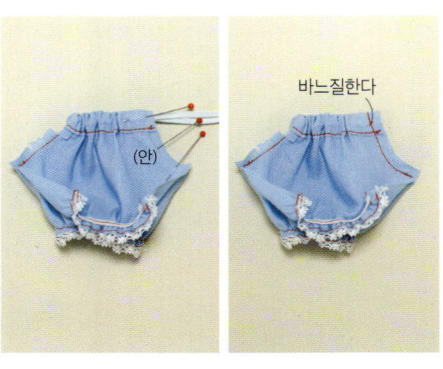

8 뒤쪽 중심의 겉과 겉을 마주 대고 시침핀으로 고정한 뒤 바느질한다. 남는 고무줄은 자른다.

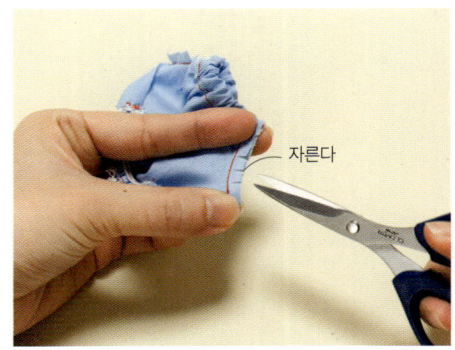

9 시접의 곡선을 따라 가위집을 낸다.

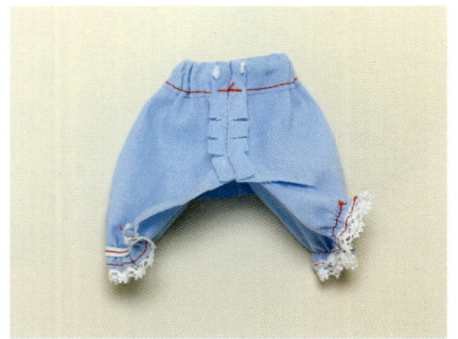

10 시접을 가름솔 하여 다림질한다.

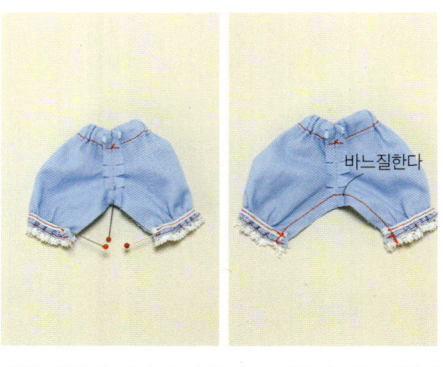

11 가랑이 부분의 겉과 겉이 마주하도록 시침핀으로 고정한다. 바짓단에서 아랫배를 거쳐 반대쪽 바짓단까지 바느질한다.

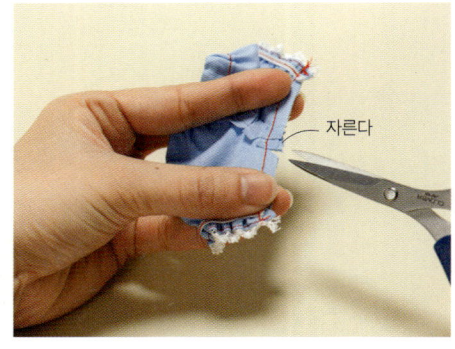

12 가랑이 사이에 팔 자로 가위집을 낸다.

13 겉면이 나오도록 뒤집는다.

14 바짓단 양끝에 장식용 리본을 달면 완성.

78

Lesson 11
부츠

~ *Size* ~

S 20~28cm의 인형을 대상으로 하고 있습니다. S 사이즈에 적합한 인형은 루루코(퓨어니모 XS), 초대 리카, 타이니 벳시 맥콜, 쿠쿠클라라, 네오 브라이스, 리카, 퓨어니모 S/M(EX☆CUTE), 모모꼬, 유노아 크루스라이트 후로우라이트, 미사키입니다.

M 26~28cm의 인형을 대상으로 하고 있습니다. M 사이즈에 적합한 인형은 임다돌2.6, 페퍼, 타미, 신디입니다.

+ 준비물

S 본체용(뒤축 고리 포함) 돼지 가죽 6×18cm, 밑창용
소가죽 4×4cm, 안창용 60수 면 4×4cm, 안창용 두꺼운 종이
4×4cm, 4mm 폭 구두끈 50cm

M 본체용(뒤축 고리 포함) 돼지 가죽 8×26cm, 밑창용
소가죽 5×5cm, 안창용 60수 면 5×5cm, 안창용 두꺼운 종이
5×5cm, 4mm 폭 구두끈 70cm

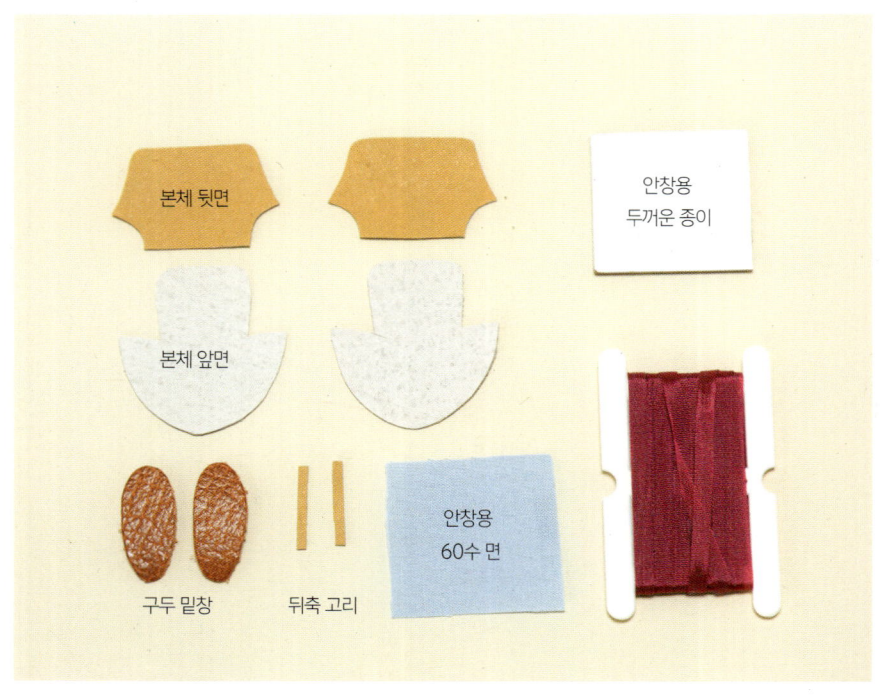

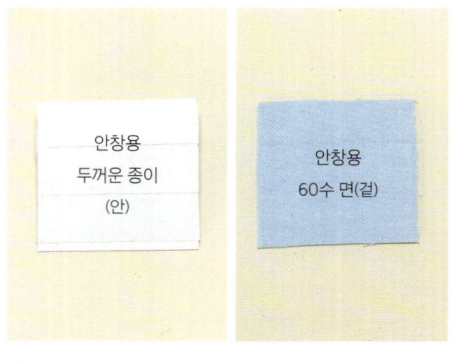

1 각 원단에 재단선을 표시한다. 안창용 종이의
겉과 안 양쪽에 테이프를 붙인다. 겉면에 안창
용 원단을 붙인다. 안쪽의 씰은 벗기지 않는다.

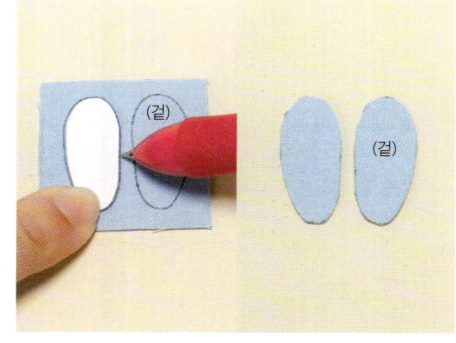

2 패턴을 따라 재단한다.

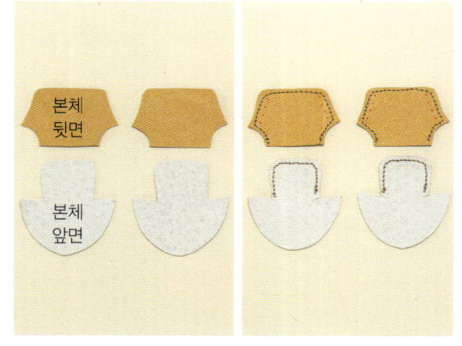

3 본체 앞면과 뒷면에 스티치로 바느질한다.

4 본체 뒷면에 구두끈이 통과할 구멍을 뚫는다.

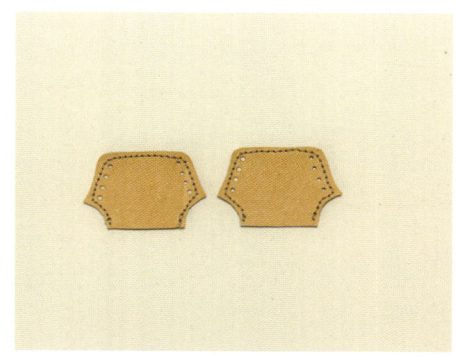

5 본체 뒷면 양쪽에 각각 4개씩 구멍을 뚫은 모습.

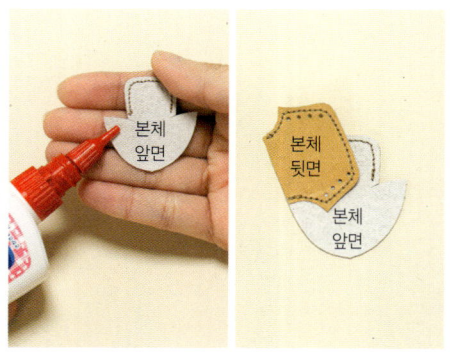

6 본체 앞면의 한쪽에 섬유 접착제를 바르고 본
체 뒷면을 붙인다.

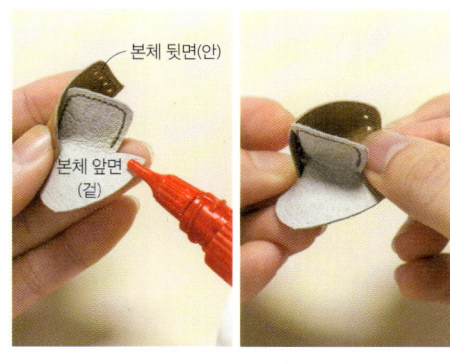

본체 뒷면(안)

본체 앞면
(겉)

7 반대쪽에 섬유 접착제를 바르고 본체 뒷면의
다른 한쪽을 감싸듯이 붙인다.

8 본체 앞면과 뒷면을 붙인 모습.

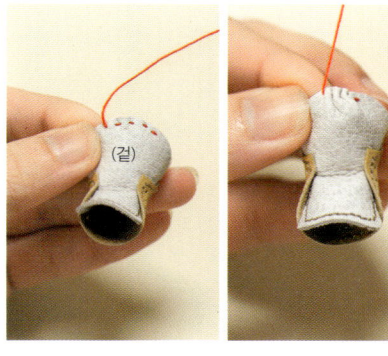

(겉)

9 본체 앞면의 발끝 부분을 홈질한다. 실을 당겨
주름을 살짝 잡은 뒤 매듭을 지어 고정한다.

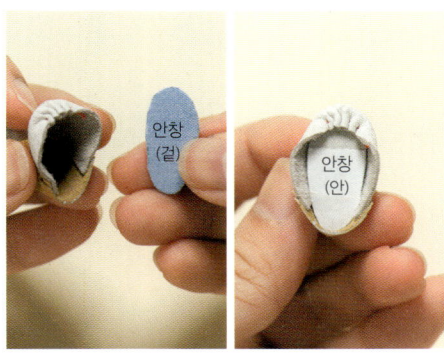

안창
(겉)

안창
(안)

10 본체에 안창을 넣는다. 안쪽에서 보면 사진과
같은 상태가 된다.

구두 밑창(겉)

11 안창 안쪽의 테이프 씰을 벗기고 본체를 붙
인다. 구두 밑창에 섬유 접착제를 발라서 본
체에 붙인다.

3mm

12 뒤축 고리를 반으로 접은 뒤 3mm 정도 밖으
로 나오도록 신발 뒤축 안쪽에 섬유 접착제로
붙인다.

13 구멍에 구두끈을 통과시켜 리본 모양으로 묶
는다.

14 완성.

Lesson 12
새첼 백

~ Size ~

단일 사이즈입니다. 이 책에서는 20~29cm의 인형에 공통으로 사용했습니다.
완성 사이즈는 가로 4.5cm, 세로 3cm, 어깨끈 12.5cm입니다.

+ 준비물

가방용 돼지 가죽 7×16cm, 벨크로 테이프 0.8×2cm,
버클 2개, 지름 3mm 솔리드 고리 2개

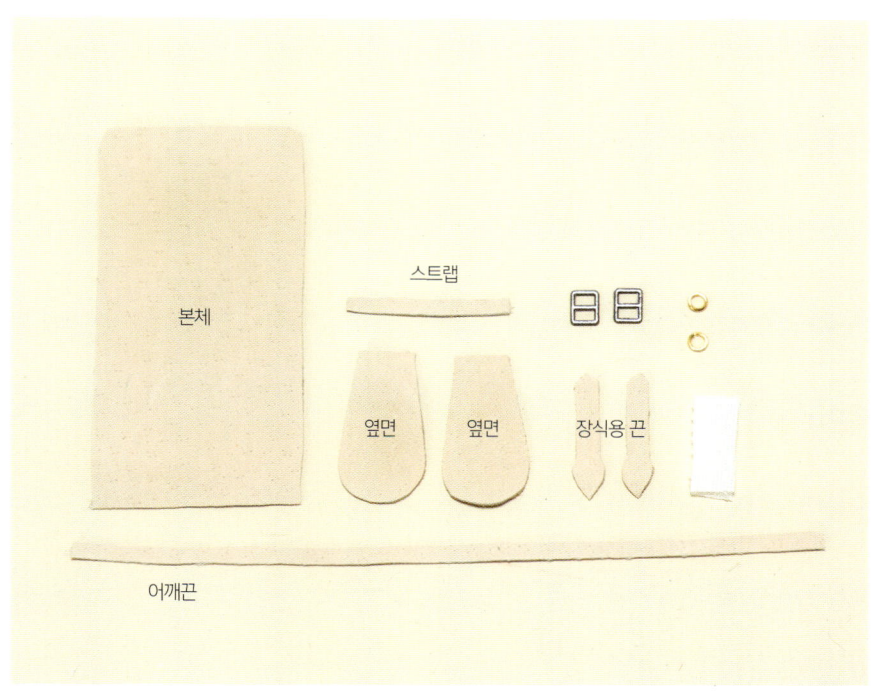

1 본체용 가죽을 재단한 뒤 옆면 가죽을 붙일 부
분을 표시한다.

2 옆면 하단의 곡선 부분에 가위집을 낸다.

3 본체 뒷면에 섬유 접착제를 바르고 옆면을 감
싸듯이 붙인다.

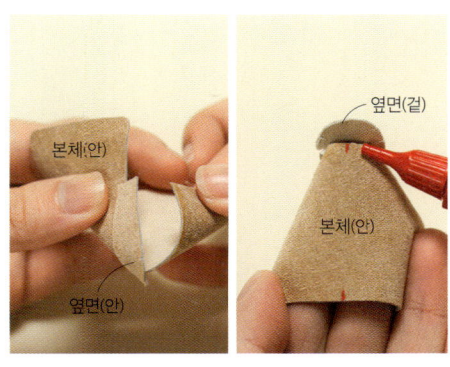

4 본체를 구부려 옆면의 반대쪽을 붙인다. 하단
까지 맞춰서 붙인다.

5 반대쪽 옆면도 똑같이 붙인 뒤 뒤집는다.

6 장식용 끈에 구멍을 3개씩 뚫는다.

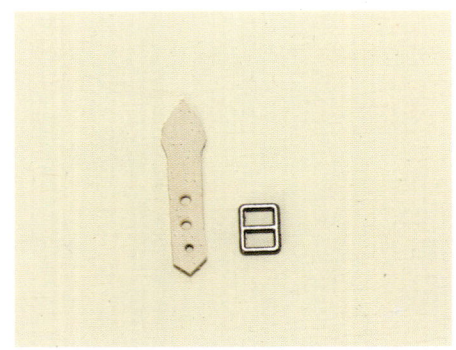

7 장식용 끈에 끼울 버클을 준비한다.

8 장식용 끈에 버클을 끼운다.

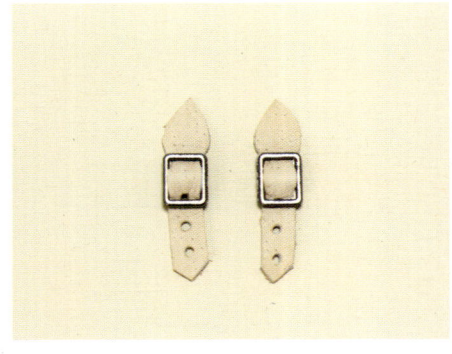

9 장식용 끈 2개에 각각 버클을 끼운 모습.

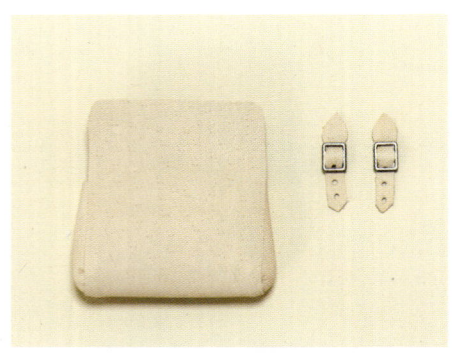

10 본체와 완성된 장식 벨트를 준비한다.

11 장식 벨트 뒷면에 섬유 접착제를 바른 뒤 가방의 덮개 부분에 붙인다.

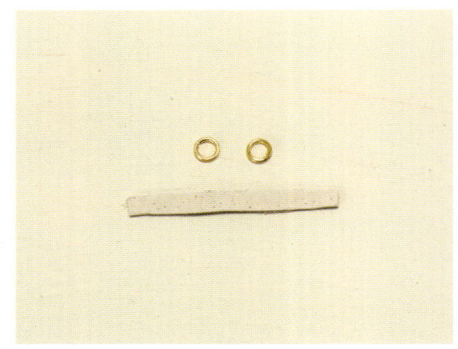

12 스트랩과 솔리드 고리를 준비한다.

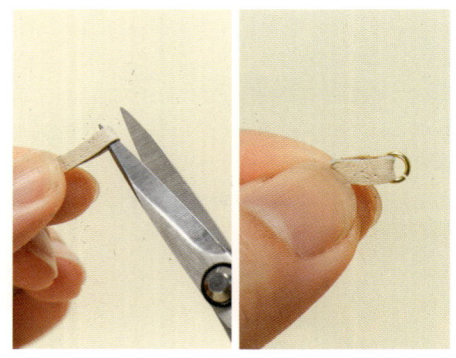

13 스트랩을 반으로 자른다. 각각을 고리에 꿰어 섬유 접착제로 고정한다.

14 스트랩 2개 완성.

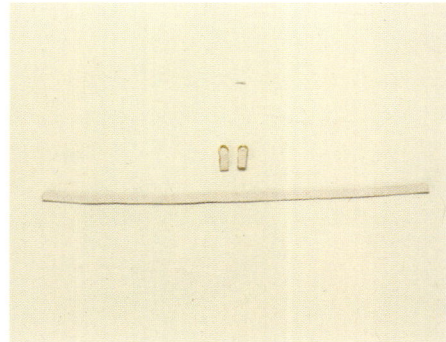

15 어깨끈과 스트랩을 준비한다.

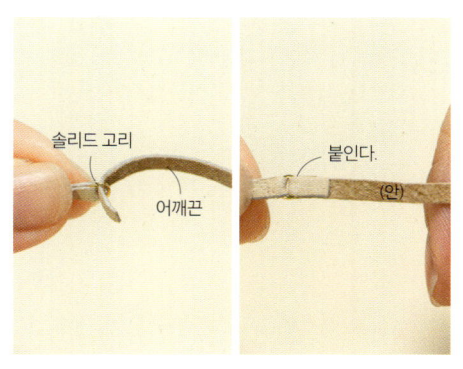

16 어깨끈을 스트랩의 고리에 통과시켜 끝을 접고 섬유 접착제로 고정한다.

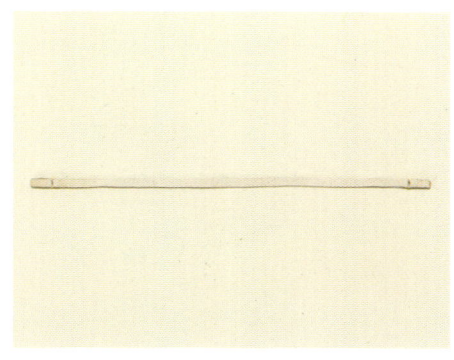

17 어깨끈 양 끝에 스트랩을 붙인 모습.

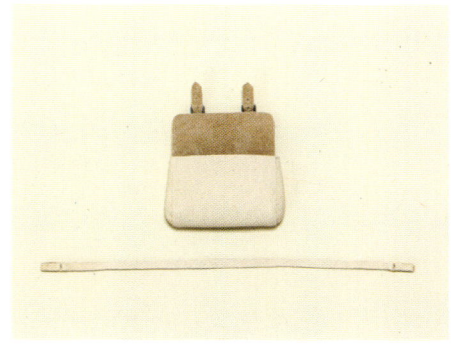

18 본체와 스트랩을 붙인 어깨끈을 준비한다.

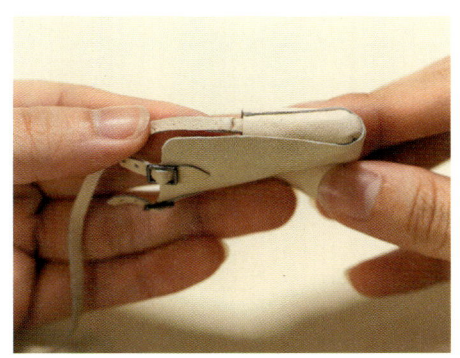

19 스트랩 끝에 섬유 접착제를 바른 뒤 가방 옆면에 붙인다.

20 본체에 어깨끈을 붙인 모습.

21 본체의 덮개 뒷면과 입구 겉 쪽에 섬유 접착제로 벨크로 테이프를 붙인다.

22 완성.

푸들

⤚⤜ Size ⤛⤙

단일 사이즈입니다. 완성 사이즈는 높이 6.5cm, 폭 3cm입니다.

몸통용 토이니트 6×16cm, 귀용 토이니트 1.5×3cm,
꼬리용 철사 5cm, 눈동자용 비즈 2개, 코용 비즈 1개,
얼굴·머리털·다리털용 양모, 인형 솜, 장식용 리본

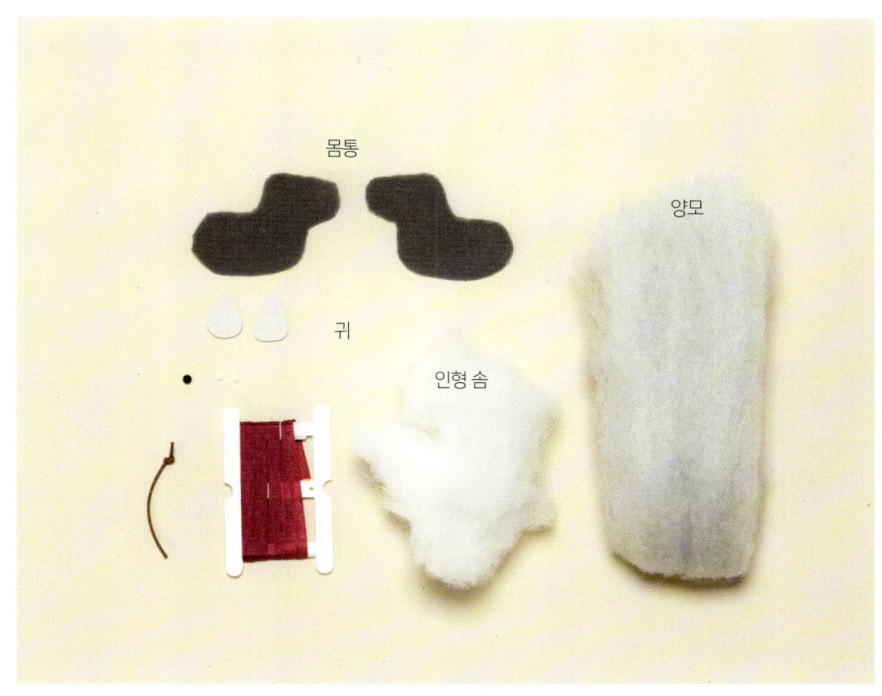

각 부분 명칭: 몸통, 양모, 귀, 인형 솜

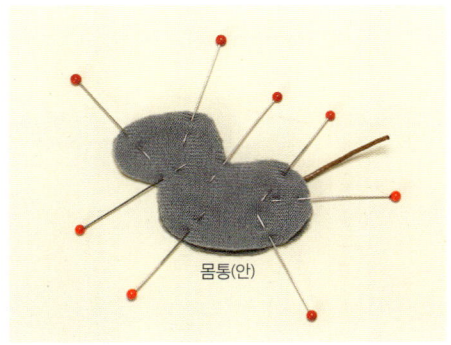

1 각 원단을 재단한 뒤 올 풀림 방지액을 바른다.
몸통 좌우 면을 마주 대어 겹치고 꼬리용으로
매듭 지은 철사를 넣고 시침핀으로 고정한다.

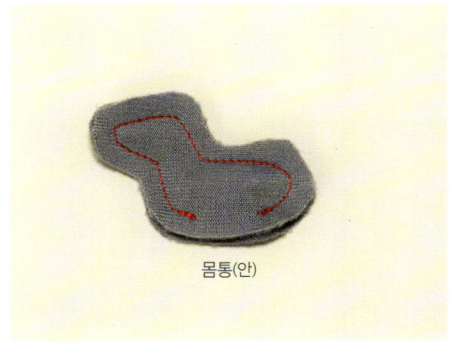

2 창구멍을 남기고 몸통을 바느질한다.

3 시접의 곡선을 따라 가위집을 낸다.

4 몸통의 겉면이 나오도록 뒤집는다.

5 인형 솜을 준비한다. 솜을 밀어 넣으면 부피가
줄어들기 때문에 넉넉한 양을 준비한다.

6 몸통의 창구멍으로 솜을 채워 넣는다.

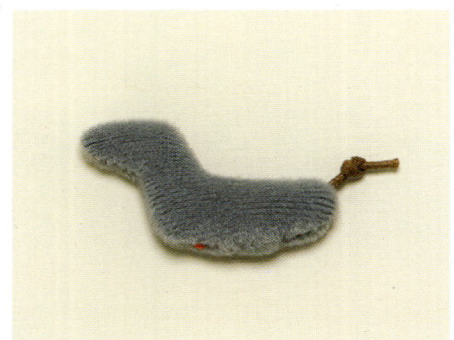

7 창구멍을 공그르기 한다.

8 양털 펠트와 니들 펠트용 매트와 바늘을 준비 한다.

9 양털을 적당량(바늘을 찌르면 크기가 줄어들기 때 문에 완성 사이즈보다 크게 쥔다) 잡고 손으로 둥 글게 만다.

10 동그랗게 말린 양털을 바늘로 찔러서 형태를 조정한다.

11 다리 4개, 머리털과 얼굴을 각각 완성한다.

12 몸통과 다리를 준비한다.

13 몸통에 다리를 바느질한다. 매듭을 만들고 몸 통의 반대쪽으로 실을 빼낸다. 그대로 다른 다리를 꿰어 실을 빼낸다.

14 실을 빼낸 곳 바로 옆에 다시 바늘을 찌른다. 몸통을 통과해 반대쪽 다리도 똑같이 바느질 한다. 이렇게 실을 자르지 않고 좌우 다리를 바느질해야 다리를 움직일 수 있다.

15 몸통에 다리 4개를 붙인 모습.

얼굴

머리털

16 얼굴과 머리털을 준비한다.

17 몸통의 머리 앞부분에 얼굴용 털을 수예용 접
착제로 붙인다. 완전히 붙을 때까지 손으로
누른다.

18 머리털도 같은 방법으로 머리 위쪽에 붙인다.

19 몸통에 다리 4개와 얼굴, 머리털을 붙인 모습.

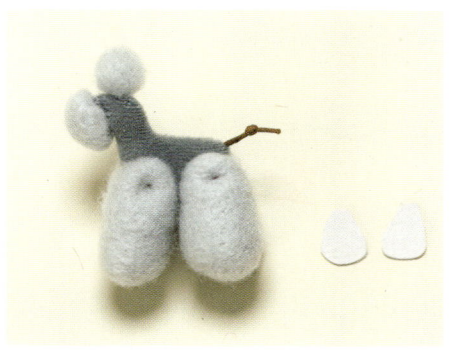

20 귀를 준비한다.

21 수예용 접착제로 머리 양쪽에 귀를 붙인다.

22 비즈를 붙여 코와 눈을 만든다.

23 꼬리에 리본을 붙이면 완성.

Lesson 14

머리 장식

❦ *Size* ❧

단일 사이즈입니다. 이 책에서 등장한 20~29cm의 모든 인형에 공통으로 사용했습니다.
머리 장식 본체의 완성 사이즈는 지름 3cm입니다.

※ 머리 장식에 표현한 꽃은 수국입니다. 수국의 꽃 구조는 조금 특이합니다. 꽃잎처럼 보이는 부분이
꽃받침이기 때문이죠. 수국의 꽃잎은 작은 수술 바깥쪽에 있는데 꽃잎이 지고 나면 수술과 꽃받침만
보인답니다.

+ 준비물

꽃받침용 벨벳 3×10cm, 이파리용 명주 천 3×6cm, 2mm 폭 리본 30cm, 26번 와이어 1줄, 수국꽃용 꽃술(가장 작은 것) 25개, 조화용 테이프

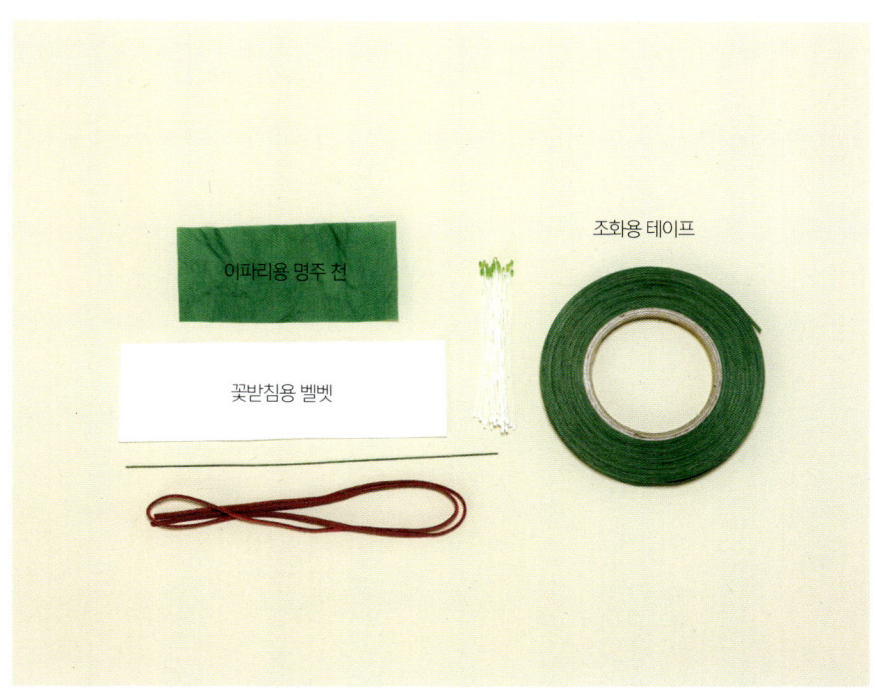

1 꽃술은 색칠되지 않은 쪽을 잘라낸다. (색칠되지 않은 꽃술을 구입했다면 한쪽만 색칠한다.)

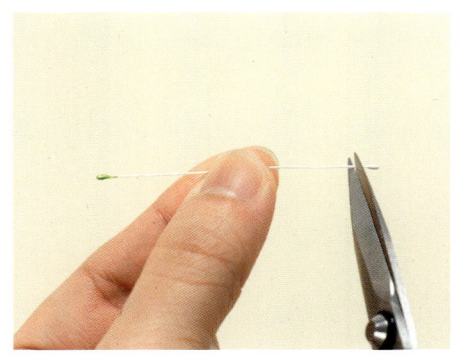

2 벨벳을 사방 8mm 크기로 자른 뒤 십자로 가위 집을 내고 모서리를 잘라 꽃받침 모양을 만든다.

3 꽃받침 중앙에 송곳으로 구멍을 뚫는다.

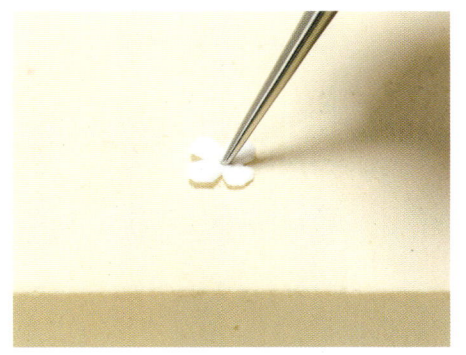

4 꽃받침과 꽃술을 25개씩 준비한다.

5 꽃술 끝부분에 조화용 접착제를 조금 발라서 꽃받침 가운데 구멍에 끼운다.

6 접착제가 마르기 전에 꽃받침을 비틀어 모양을 잡는다.

7 각각의 꽃받침에 꽃술을 끼운 모습.

8 5개씩 묶어 꽃받침 아래에서 1cm 정도 떨어진 부분에 조화용 접착제를 바른다. 손가락으로 잠시 눌러 고정한다.

9 같은 방법으로 5개 세트를 만든다.

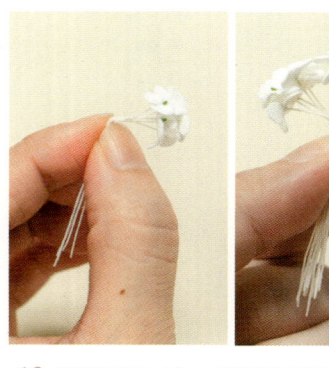

10 꽃받침에서 1.3cm 떨어진 부분을 꺾는다. 꺾은 2개와 똑바로 놔둔 1개를 조화용 접착제를 발라 다발로 만든다.

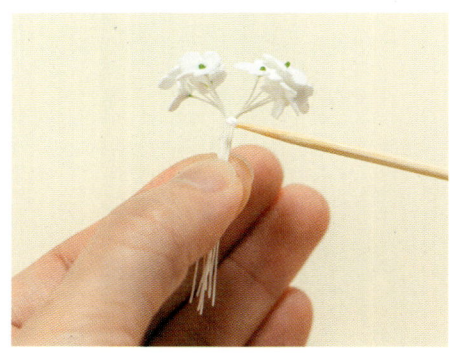

11 남은 2개는 꽃받침 아래에서 1.3cm 떨어진 부분에서 꺾어 조화용 접착제를 바른다.

12 10의 다발 밑에 11을 붙이고 조화용 접착제로 고정한다.

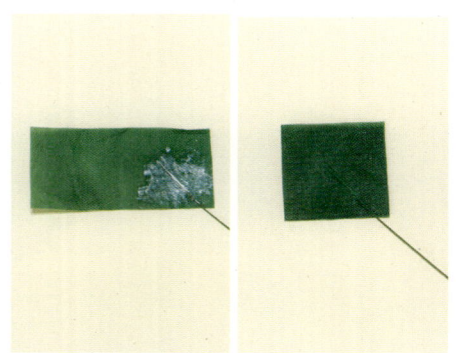

13 이파리용 명주 천에 조화용 접착제를 얇게 바른다. 와이어를 사선으로 붙이고 명주 천을 반으로 접는다.

14 잎사귀 패턴을 대고 그대로 그린 뒤 자른다. 이때 조금 들쭉날쭉하게 잘라야 진짜 이파리처럼 자연스럽다.

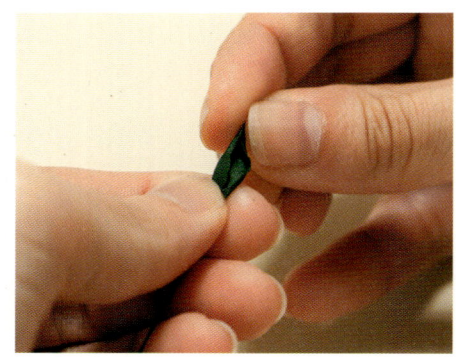

15 접착제가 마르기 전에 손가락으로 주름을 만들어준다.

16 이파리 끝부분에 조화용 접착제를 조금 바르고 12의 꽃다발을 꺾어 고정한 곳에 붙인다.

17 조화용 테이프를 준비한다.

18 꽃다발의 뿌리 부분에 조화용 접착제를 조금 바르고 테이프를 감아 내리면서 붙인다.

19 1.5cm 정도 감은 지점에서 줄기를 자른다. 테이프는 두 바퀴 정도 더 감고 자른다.

20 두 바퀴 감았던 부분에 접착제를 바르고 접어서 줄기 끝이 보이지 않게 처리한다.

21 이파리의 아랫부분 줄기에 수예용 접착제를 바른 리본을 한 바퀴 감는다.

22 라운드 코 펜치로 줄기를 구부린다.

23 전체적으로 둥근 모양이 되도록 각각의 줄기를 꺾어 펼친다.

24 완성. (꽃받침과 꽃술의 색을 바꾸면 다른 분위기를 연출할 수 있어요.)

Paper Craft

페이퍼 크래프트

촬영에 사용한 페이퍼 크래프트와 천 프린트용 텍스타일 디자인입니다.
Calalka 오리지널 디자인입니다. 이 책에서 소개한 인형옷과 함께 만들어 직접 연출해 촬영해 보세요.
특히 96~98쪽의 텍스타일은 본문의 만들기 과정에서 사용했습니다.

천 프린트 시 주의점

- 원하는 디자인이 실린 페이지를 컬러 복사하거나 PC로 스캔해 사용해 주세요
- 본문의 만들기 과정에서 사용한 텍스타일의 축척 비율은 100%입니다. 사이즈를 바꾸지 말고 사용해 주세요.
- 출력 방법은 시판되는 제품의 설명을 따라주세요.
- 책에서는 색이 번지는 걸 막기 위해 출력 후 1회 이상 세척한 다음 올에 쌓인 잉크를 씻어내고 다리미로 다린 천을 사용했습니다.

※ 상황·사용법에 따라 인형이 오염될 가능성이 있으니 주의해 주세요. 이에 관련한 책임을 지지 않습니다. 제조사에 관한 질문도 받지 않습니다.
※ 이 책은 개인적으로 제작해 즐기는 용도입니다. 저작권법 및 국제법에 의해 보호 받는 저작물이므로 책에 포함된 디자인을 재이용하거나 상업적 용도로
   사용해서도 안 됩니다.

레코드 재킷

포스터

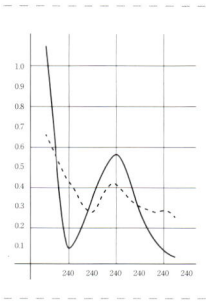

신문

리본 플래그

편지 봉투

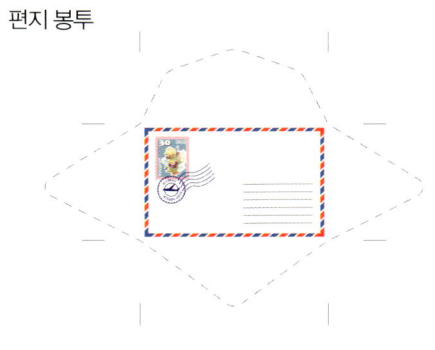

신발 상자

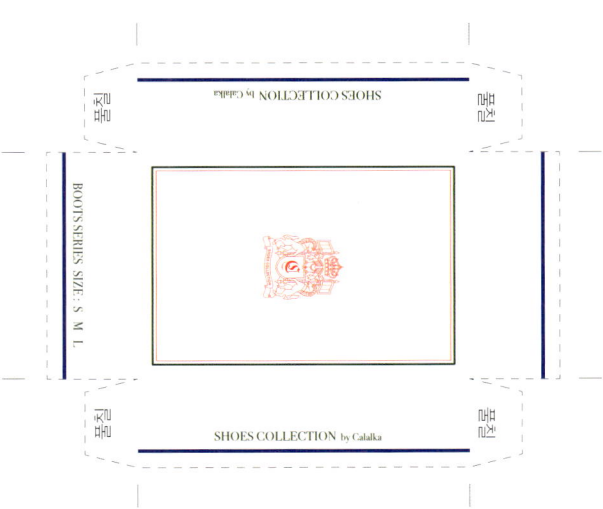

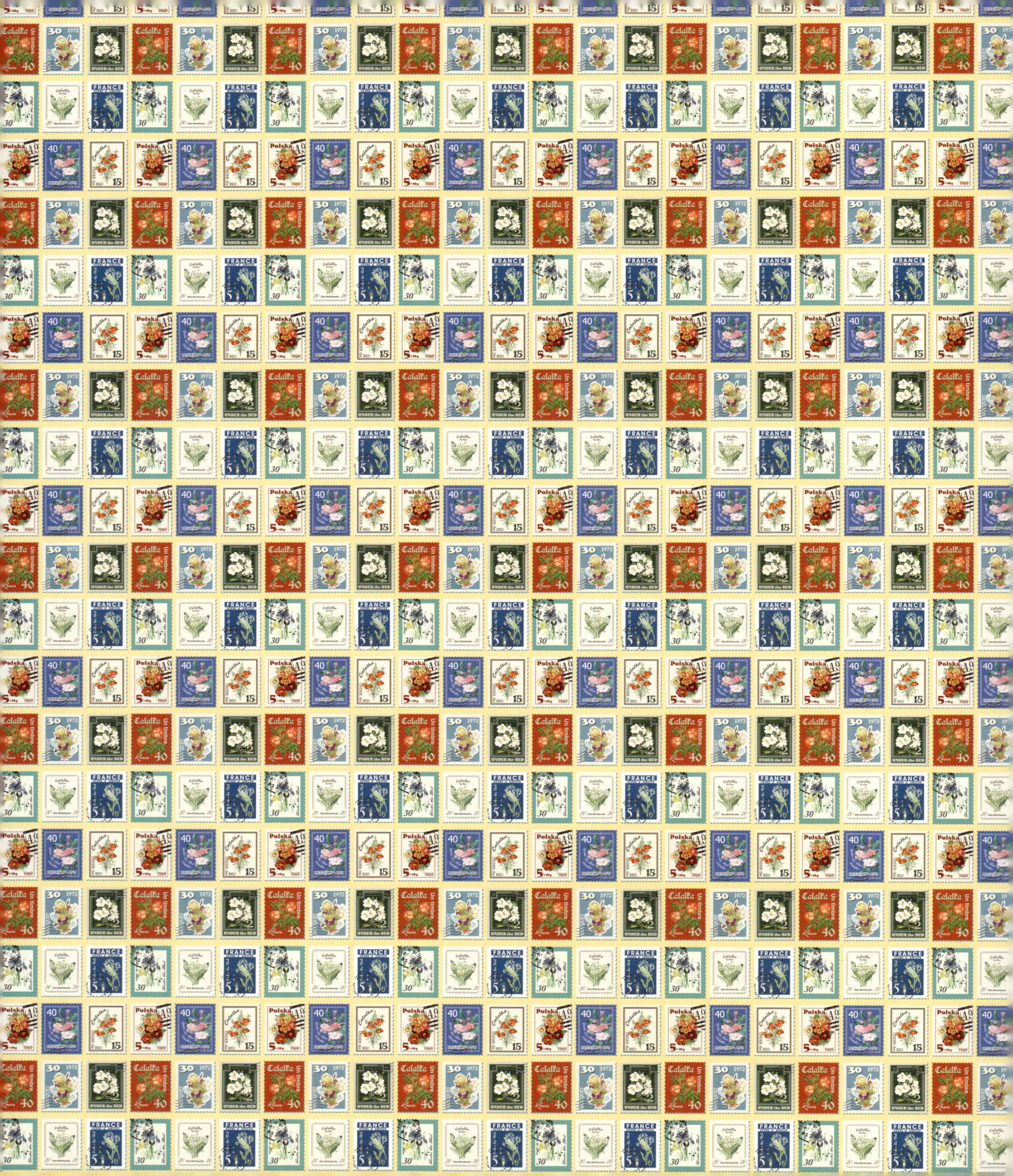
Polska
FRANCE
Un timbre
UNDER the BED
1972
1969

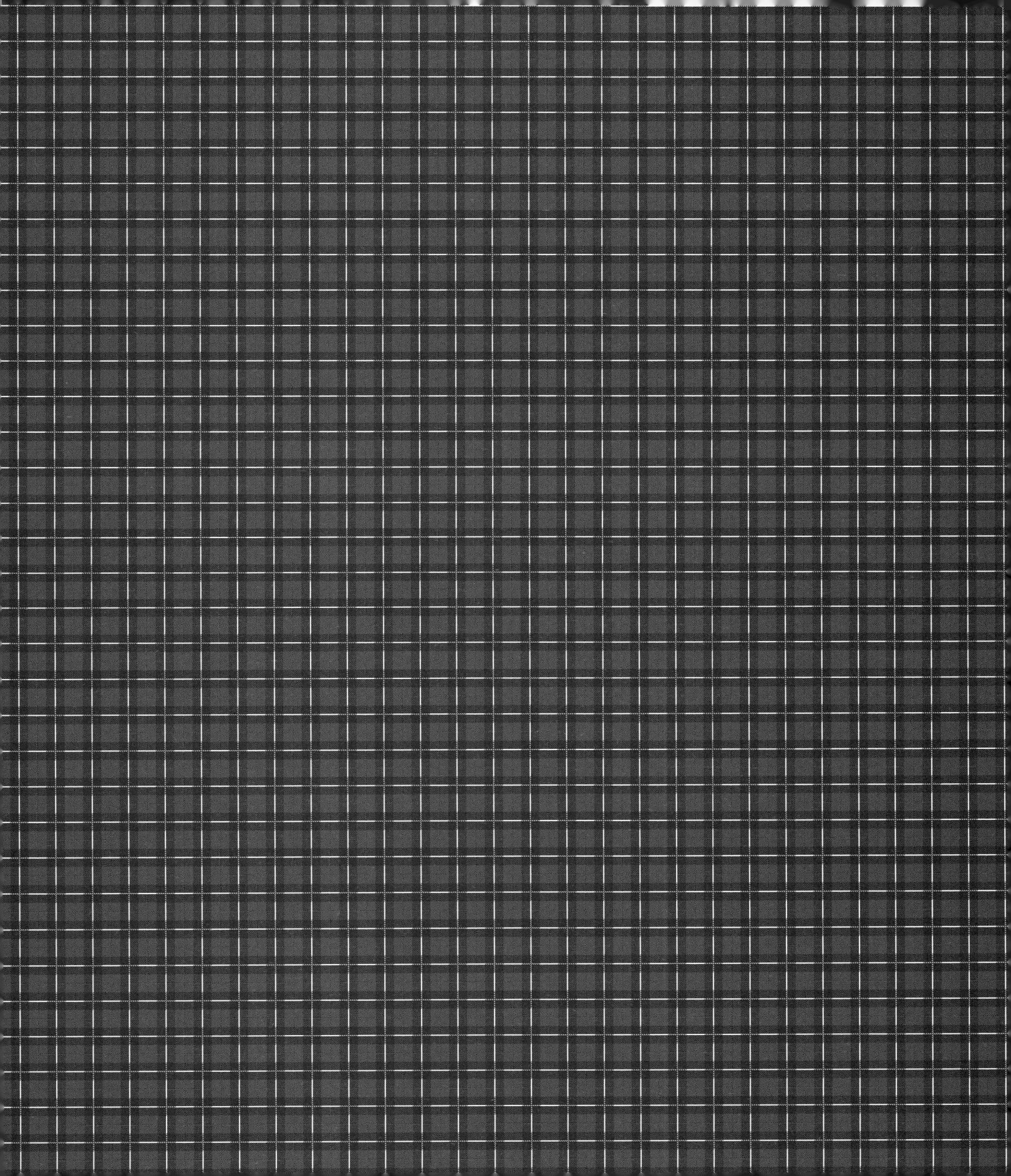

Socks

양말

인형의 양말 패턴을 스스로 만드는 방법입니다.
이 방법을 사용하면 인형에 딱 맞는 사이즈의 양말을 만들 수 있습니다.

※ 시접의 크기는 책에서 소개한 인형 사이즈를 기준으로 하고 있으므로 각자 소장하고
   있는 인형 사이즈에 맞춰 조정해 주세요.

발 사이즈 측정하기
양말을 신기고 싶은 인형의 발 사이즈를 잽니다.

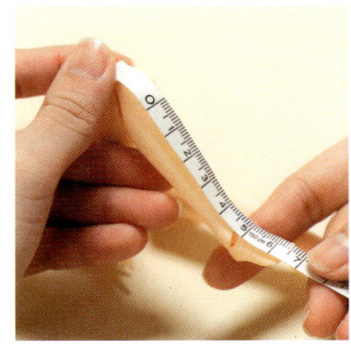 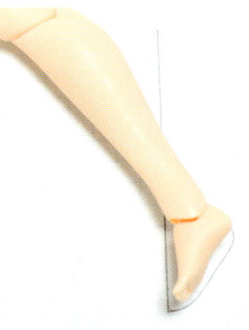 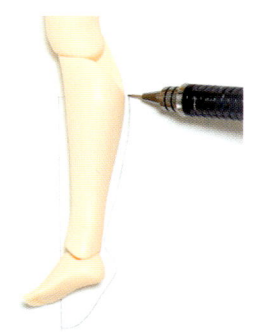 

1 인형의 발끝부터 정강이까지 길이를 잰 뒤 만들고 싶은 양말의 크기를 정한다.

2 종이에 계측한 길이로 세로선을 긋고 인형의 발등을 댄다. 연필로 발끝과 발목을 그린다.

3 똑같이 발목에서 종아리까지 연필로 그린다.

4 곡선을 깔끔하게 정리한다.

양말 바느질하기
측정한 옷본을 기준으로 양말을 만듭니다.

  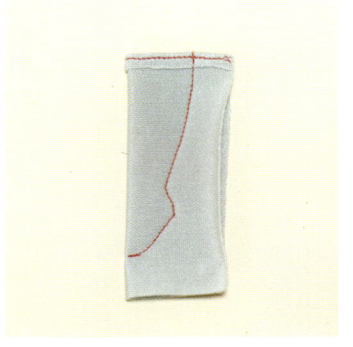 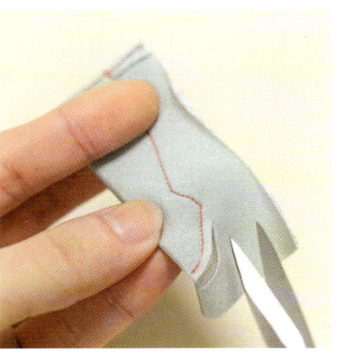

1 두꺼운 도화지에 패턴을 옮겨 그린 다음 자른다.

2 양말을 만들 천을 잘라 양말 입구가 될 곳을 5mm 안쪽으로 접고 겉쪽에서 스티치로 바느질한다.

3 천을 세로로 반을 접어 1의 도화지를 대고 선을 그리듯이 바느질한다.

4 도화지를 제거하고 시접을 3mm로 자른 다음 뒤집으면 완성.

Column

패션 이야기

저는 지금까지 여러 스타일의 옷을 입어봤습니다. 하지만 패션과 관련한 가장 오래된 기억은 펑크 스타일 패션에 마음을 빼앗겼던 중학생 시절입니다.

좋아하는 밴드가 입은 옷을 그저 멋있다고 생각해 따라 입었습니다. 몸에 꼭 끼는 양모 니트, 긴 소매의 거즈 셔츠, 잘린 소매, 의미를 알 수 없는 금장식, 너덜너덜하게 엉킨, 불완전한 모습을 '너무 귀여워!'라고 생각했습니다.

그 후로 h.NAOTO나 BABY, THE STARS SHINE BRIGHT를 입었고, 러버 솔을 영혼의 파트너로 삼았습니다. 이른바 '하라주쿠 스타일'을 표방한 저의 패션은 사회에서 눈총을 받곤 했지만 좋아하는 옷을 입는 행위는 자존감으로 이어졌고, 뜻을 같이하는 동지도 얻을 수 있었습니다. 인터넷이 널리 보급된 때가 아니었기 때문에 스스로 스타일을 찾았습니다. 그 무렵은 정말 자유롭고 즐거웠습니다.

몇 년 뒤, 우연히 하라주쿠를 걷고 있었는데 검은 천을 몸에 감은 여성이 눈앞을 지나갔습니다. 그 여성이 멀어진 뒤에도 검은 천의 여운이 충격으로 남았습니다. 그 옷이 Yohji Yamamoto의 작품이었다는 것은 나중에 알았습니다.

이후 Yohji Yamamoto와 COMME des GARCONS 같은 모노톤 실루엣의 아름다움에 마음을 빼앗겨 상이라도 당한 사람처럼 365일 시커먼 옷만 입었습니다. 다른 것이 보이지도 않을 정도였으니 맹목이란 정말 무서운 것 같습니다.

그러다 UNDERCOVER의 쇼 영상을 보고 충격을 받았습니다. 선명한 색 조합, 신비하게 짜인 천들, 마치 장난감 같은 옷들……. UNDERCOVER는 검은색 패션만 고집하던 저에게 예전과 비교해 재미있는 물건을 찾는 노력을 게을리하고 있다는 깨달음을 주었습니다.

색과 디자인을 조합하는 즐거움을 되찾은 것은 UNDERCOVER 덕분입니다. 그래도 노란색과 오렌지색은 여전히 좋아하지 않아서 제 작품에는 사용하지 않았습니다.

그래픽 디자이너로 일하면서 마음의 평안을 위해 만들기 시작한 인형옷 역시 지금까지 접해 온 패션 문화에 큰 영향을 받았습니다. 앞으로도 새로운 옷과 만나고 싶습니다. 나이를 먹어도 패션은 즐겁네요!

상의는 1980년대 BOY LONDON, JSK COMME des GARCONS , 재킷은 UNDERCOVER

Pattern

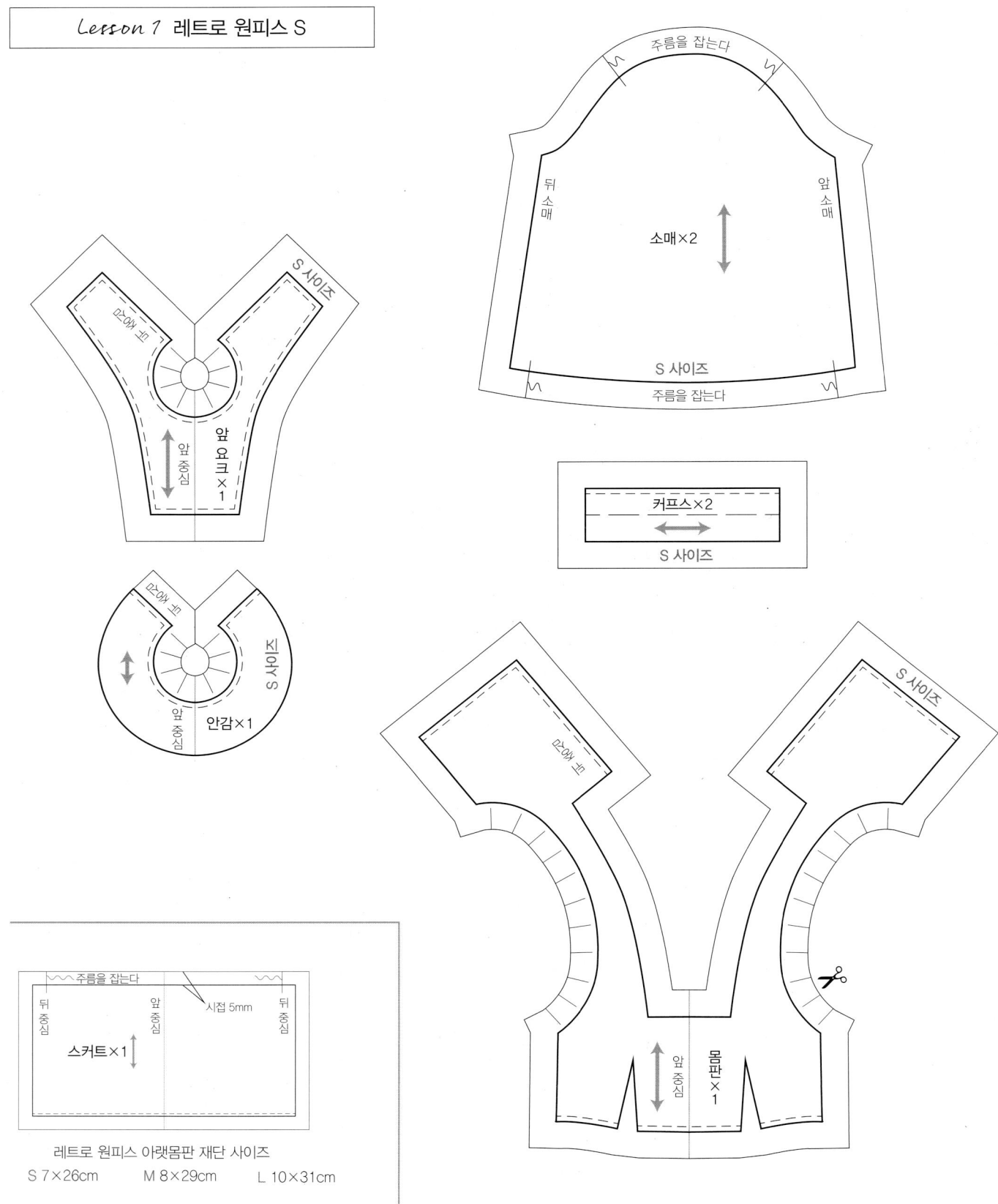

주름을 잡는다

뒤소매   앞소매

소매×2

S 사이즈

주름을 잡는다

커프스×2

S 사이즈

S 사이즈

앞요크

앞 요크×1

앞중심

앞요크

안감×1

앞중심

S 사이즈

앞요크

S 사이즈

앞중심

몸판×1

주름을 잡는다

뒤중심   앞중심   시접 5mm   뒤중심

스커트×1

레트로 원피스 아랫몸판 재단 사이즈

S 7×26cm   M 8×29cm   L 10×31cm

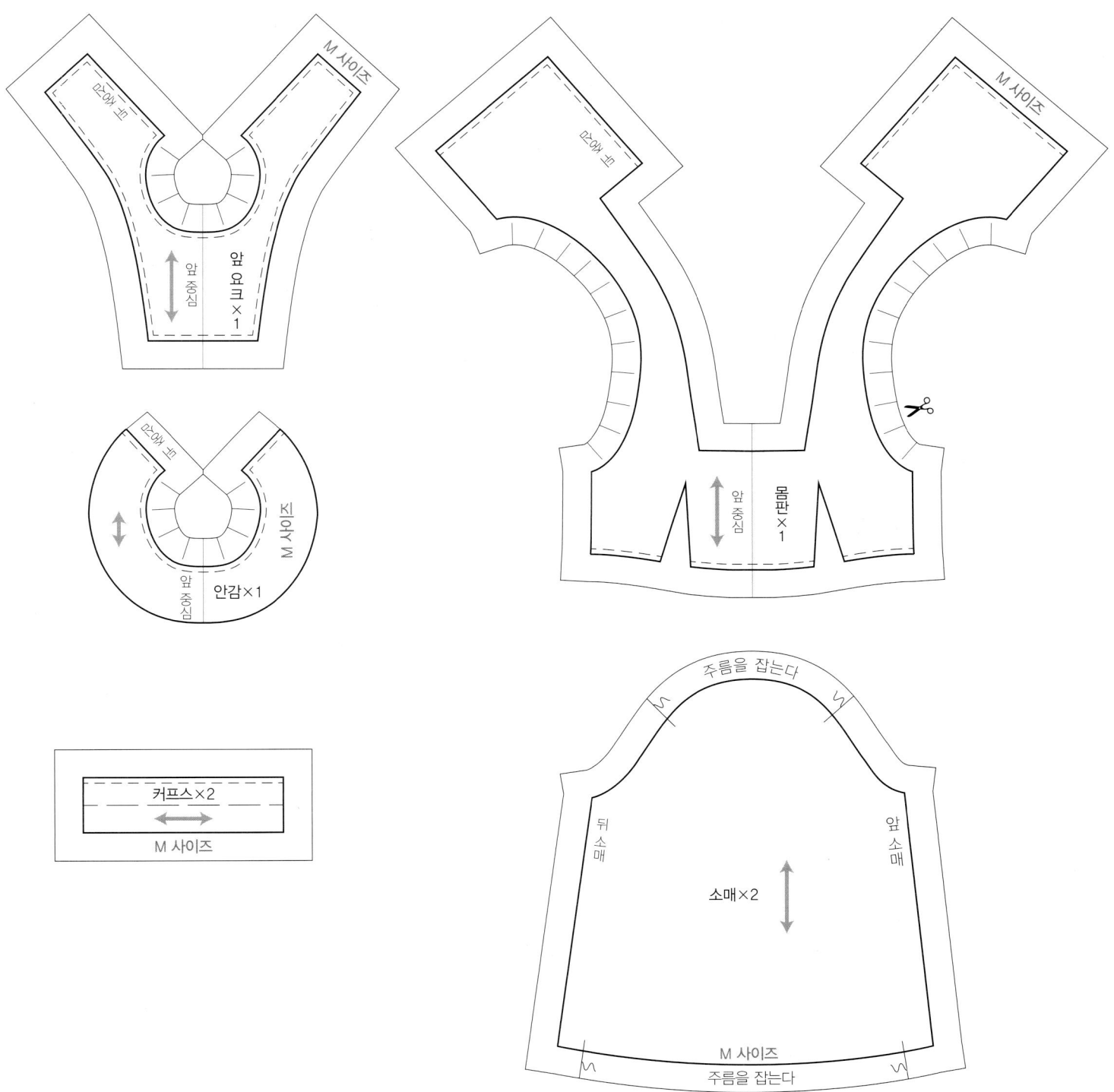

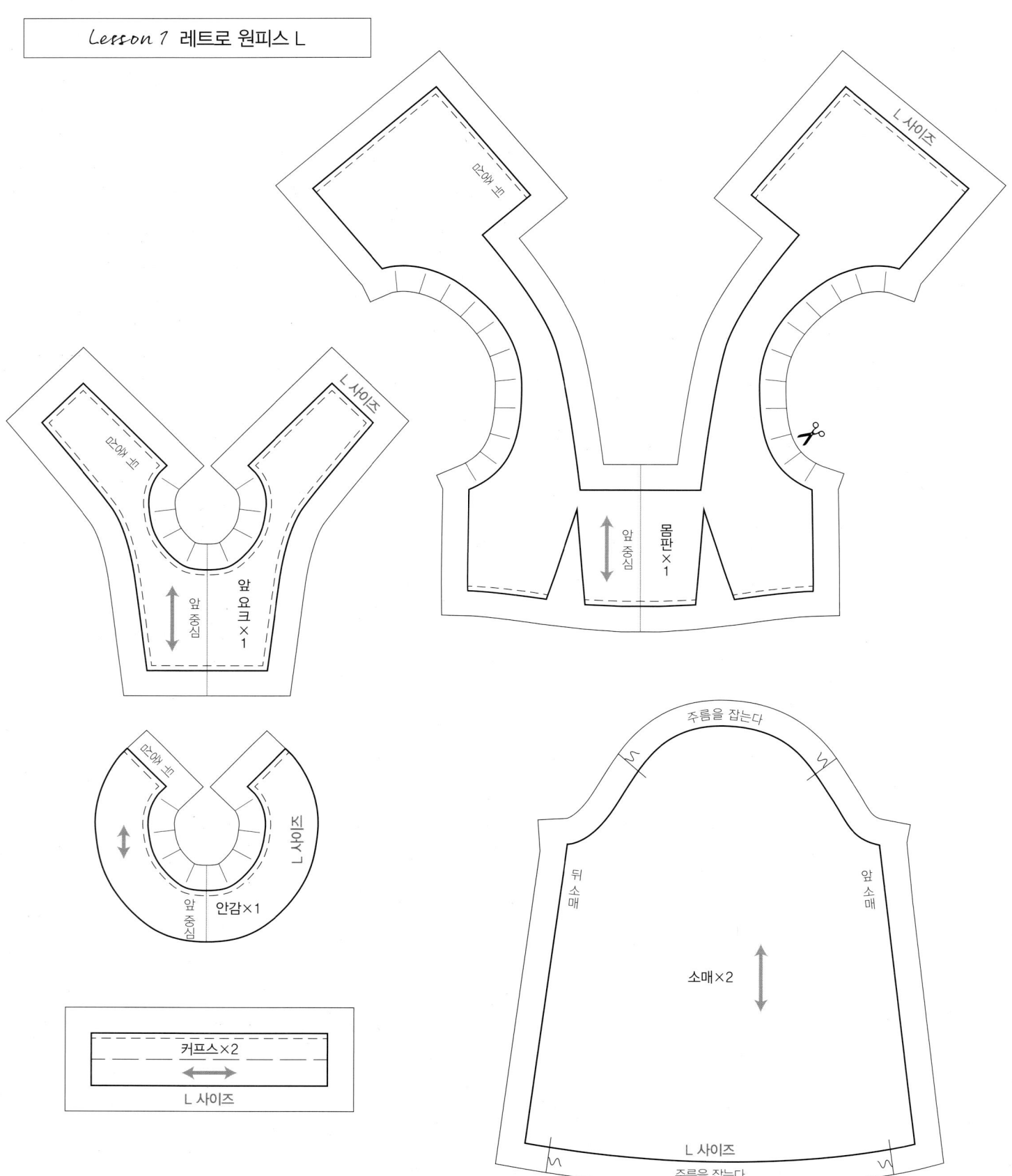

앞 요크×1 앞 중심 L 사이즈

몸판×1 앞 중심 L 사이즈

안감×1 앞 중심 L 사이즈

커프스×2 L 사이즈

소매×2 뒤 소매 앞 소매 주름을 잡는다 L 사이즈 주름을 잡는다

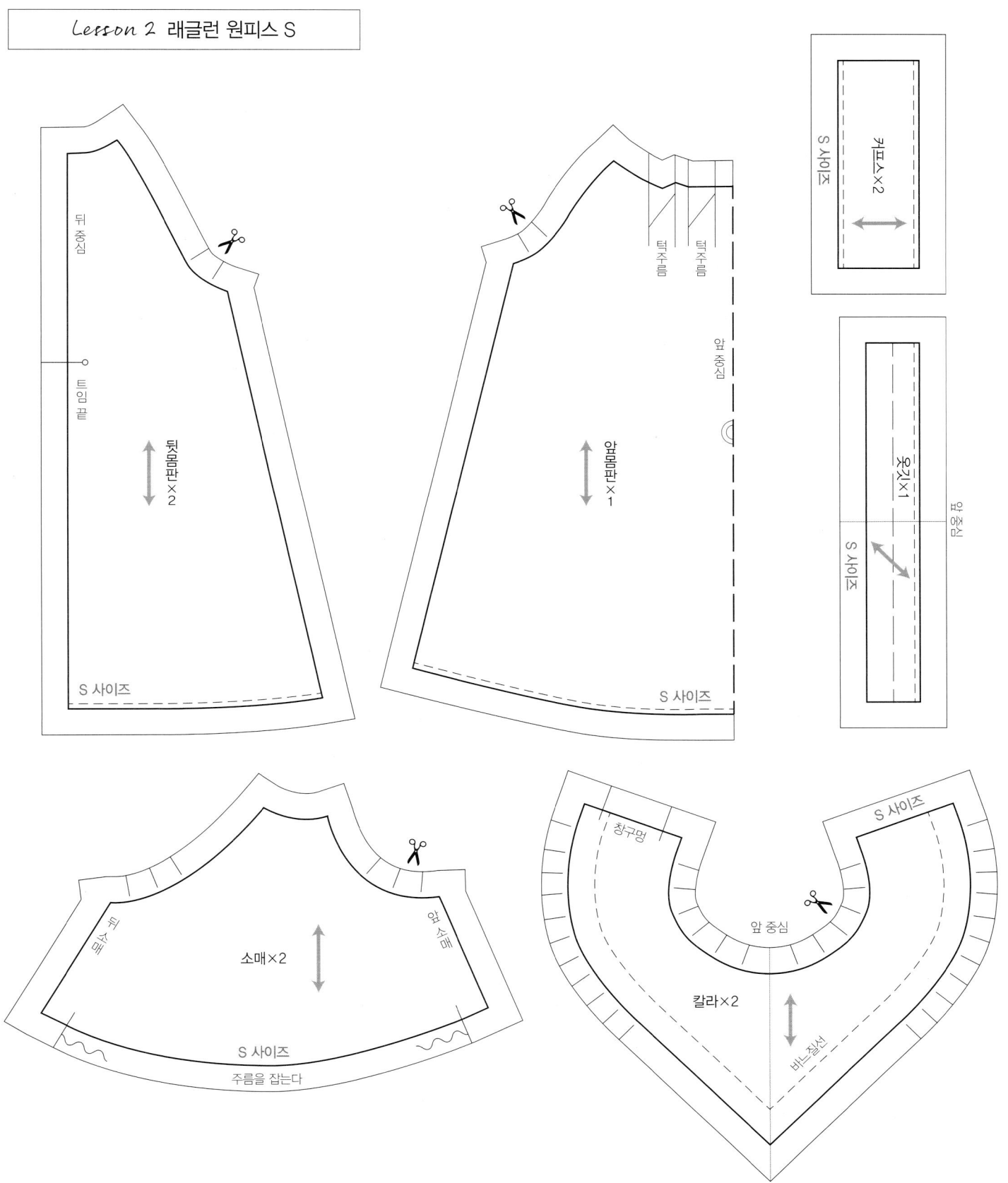

뒤 중심

트임 끝

뒷몸판×2

S 사이즈

앞 중심

턱주름

턱주름

앞몸판×1

S 사이즈

카프스×2

S 사이즈

웃깃×1

앞 중심

S 사이즈

뒤 소매

소매×2

앞 소매

S 사이즈

주름을 잡는다

창구멍

S 사이즈

앞 중심

칼라×2

바느질선

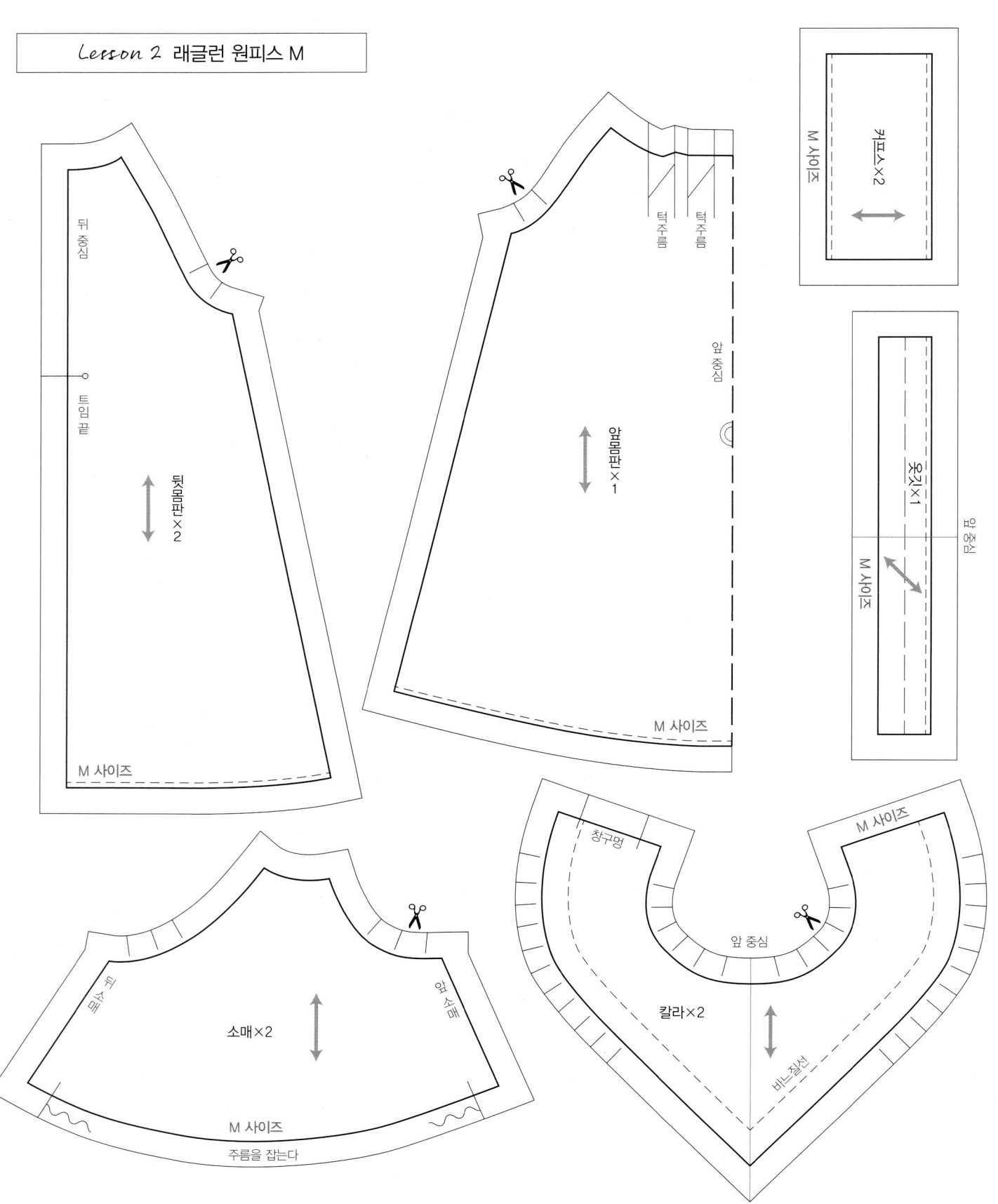

커프스×2

M 사이즈

윗깃×1

M 사이즈

앞여밈

뒤 중심

트임 끝

뒷몸판×2

M 사이즈

턱주름 턱주름

앞 중심

앞몸판×1

M 사이즈

뒤 소매

앞 소매

소매×2

M 사이즈

주름을 잡는다

창구멍

M 사이즈

앞 중심

칼라×2

비느질선

106

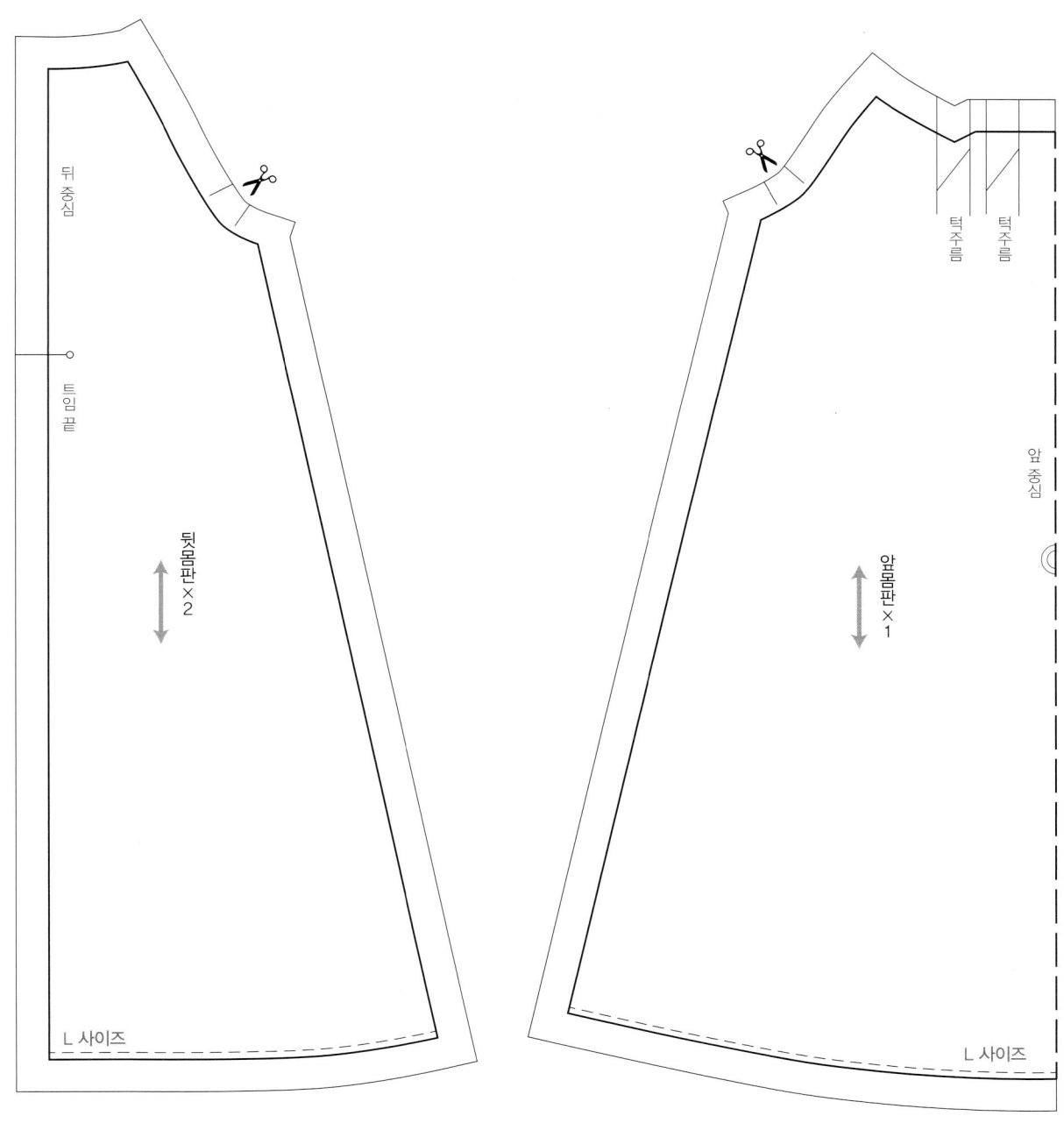

뒤 중심

트임 끝

뒷몸판×2

L 사이즈

턱주름

턱주름

앞 중심

앞몸판×1

L 사이즈

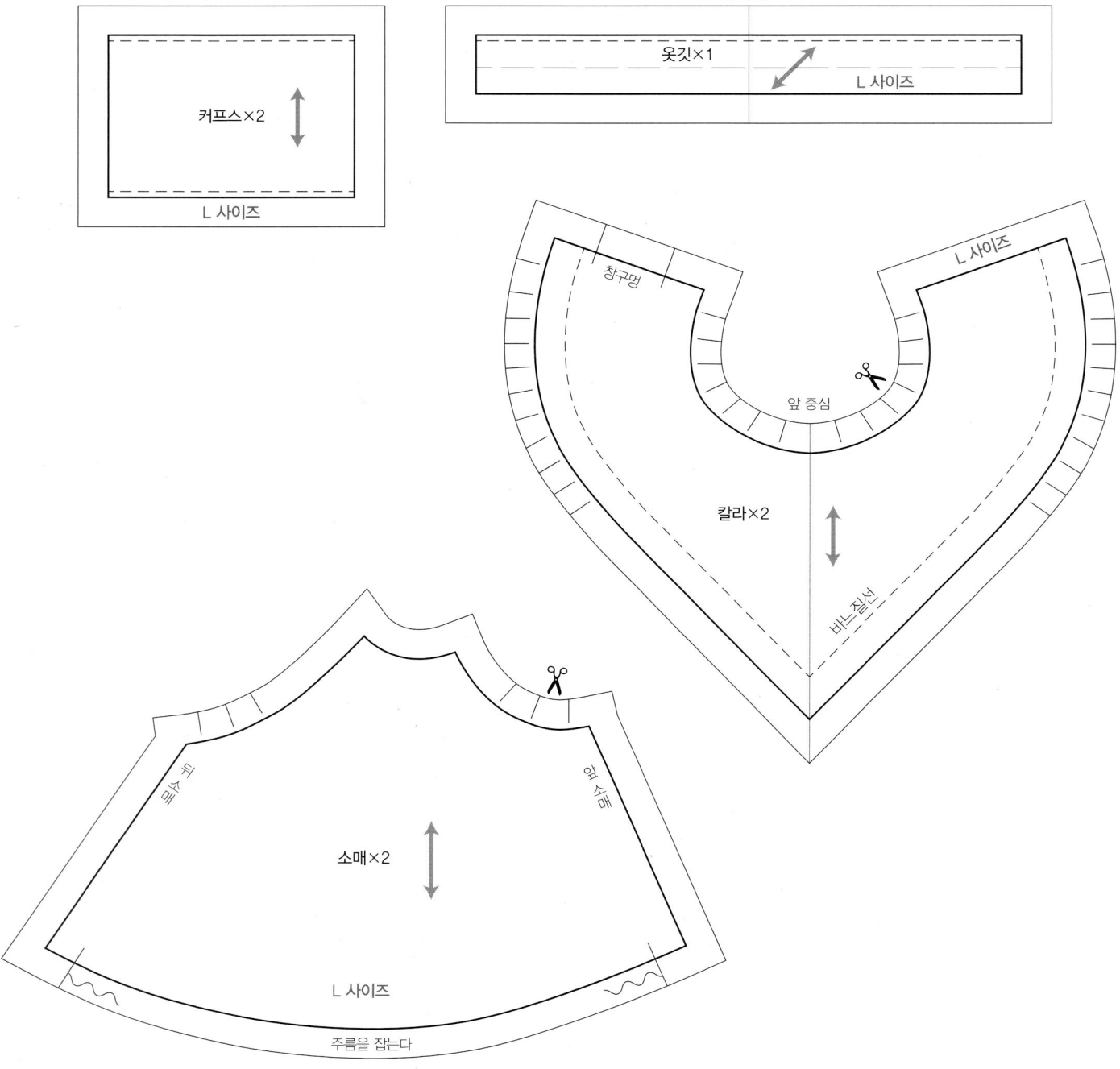

커프스×2

L 사이즈

앞 중심

옷깃×1

L 사이즈

창구멍

L 사이즈

앞 중심

칼라×2

바느질선

뒤 소매

앞 소매

소매×2

L 사이즈

주름을 잡는다

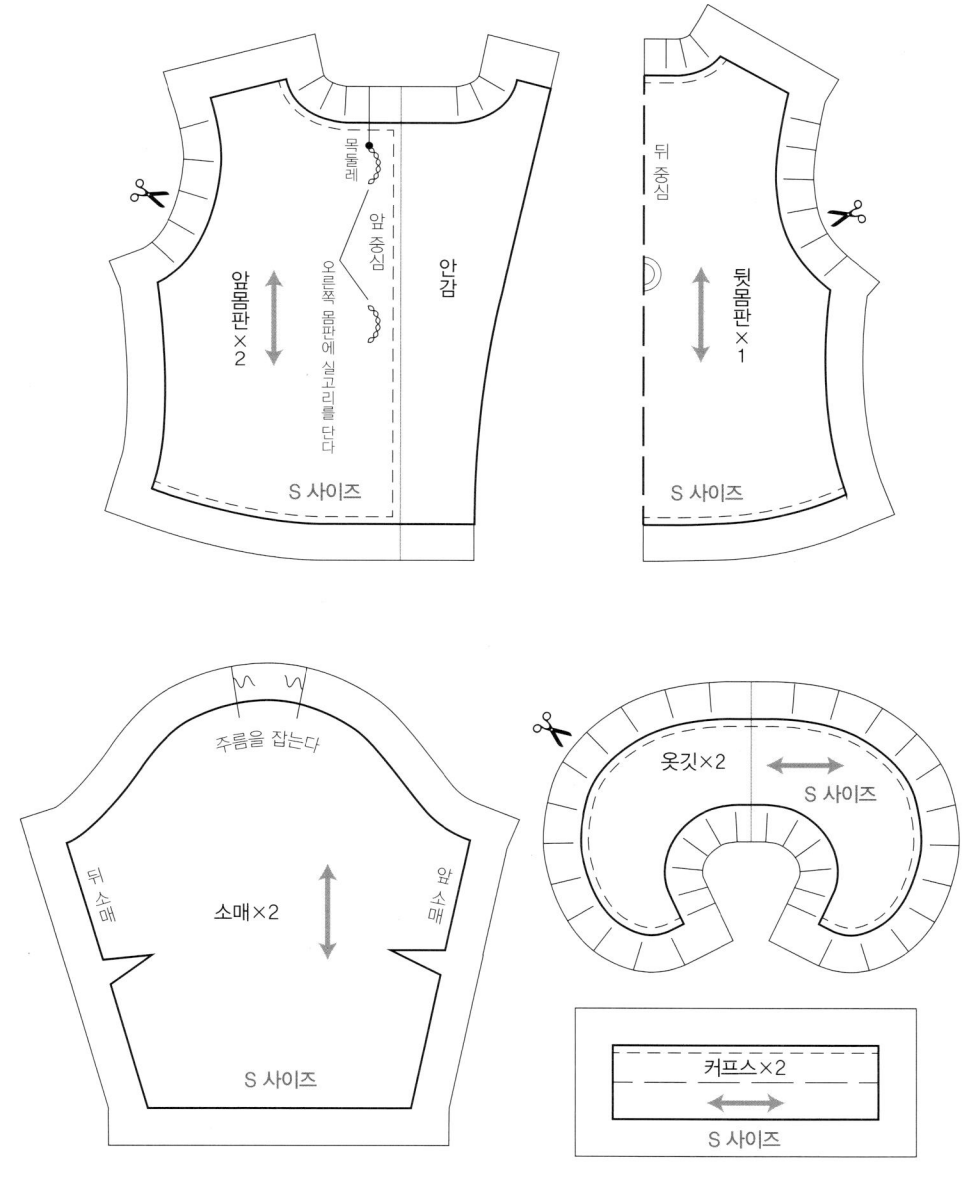

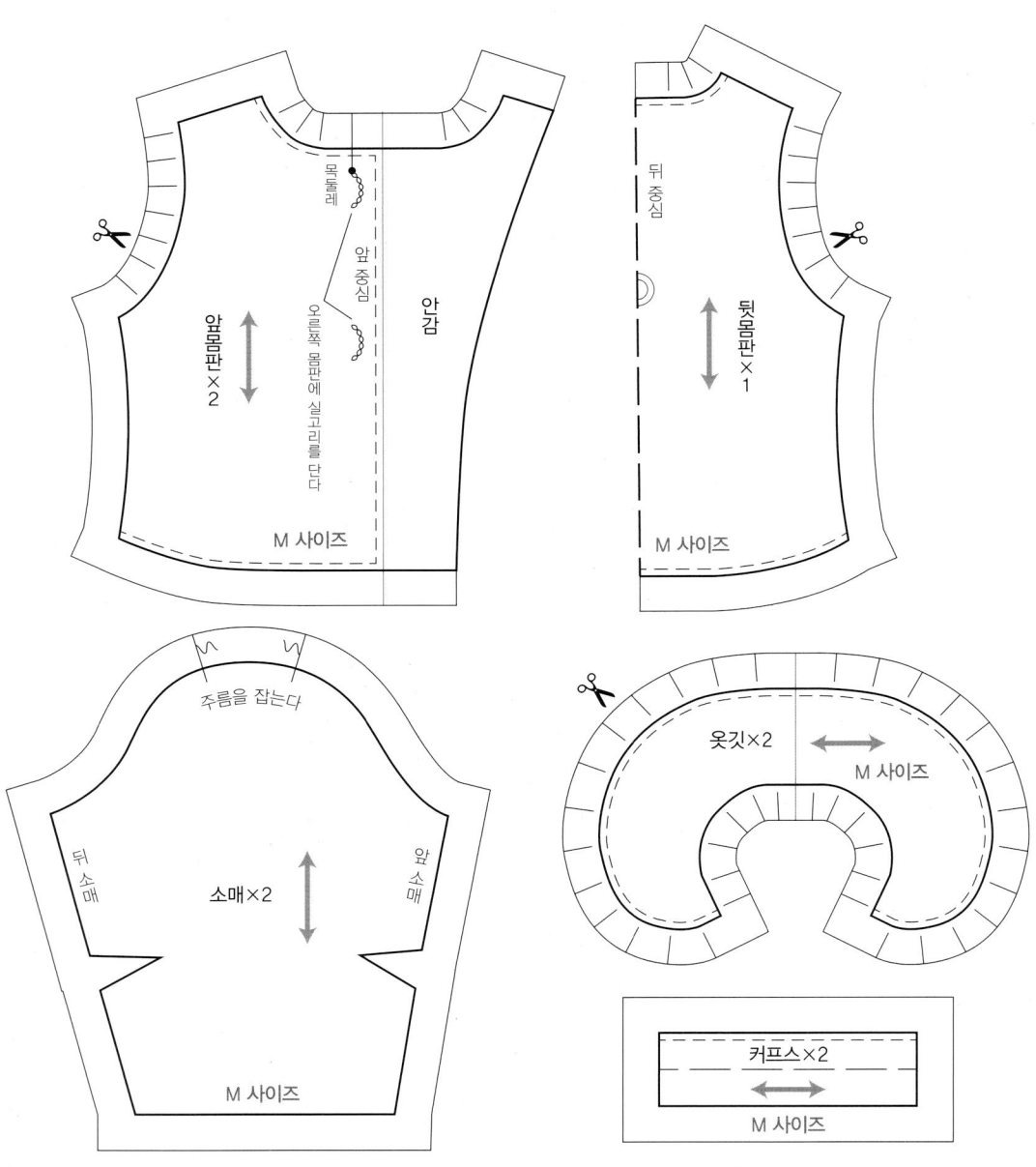

앞몸판×2

목둘레

앞 중심

오른쪽 몸판에 실고리를 단다

안감

M 사이즈

뒤 중심

뒷몸판×1

M 사이즈

주름을 잡는다

뒤 소매

소매×2

앞 소매

M 사이즈

옷깃×2

M 사이즈

커프스×2

M 사이즈

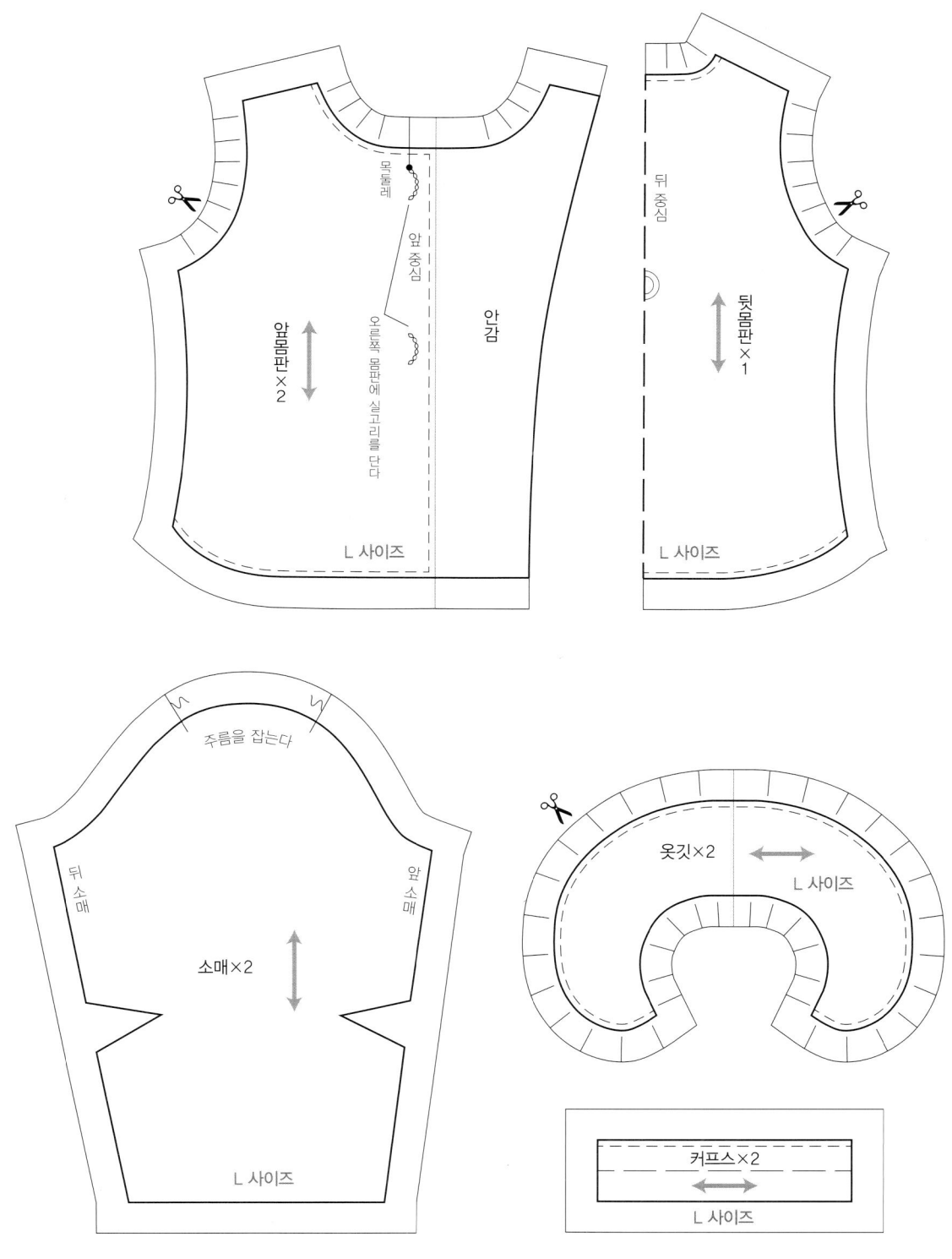

목둘레
앞 중심
오른쪽 몸판에 실고리를 단다
안감
앞몸판×2
L 사이즈

뒤 중심
뒷몸판×1
L 사이즈

주름을 잡는다
뒤 소매
앞 소매
소매×2
L 사이즈

옷깃×2
L 사이즈

커프스×2
L 사이즈

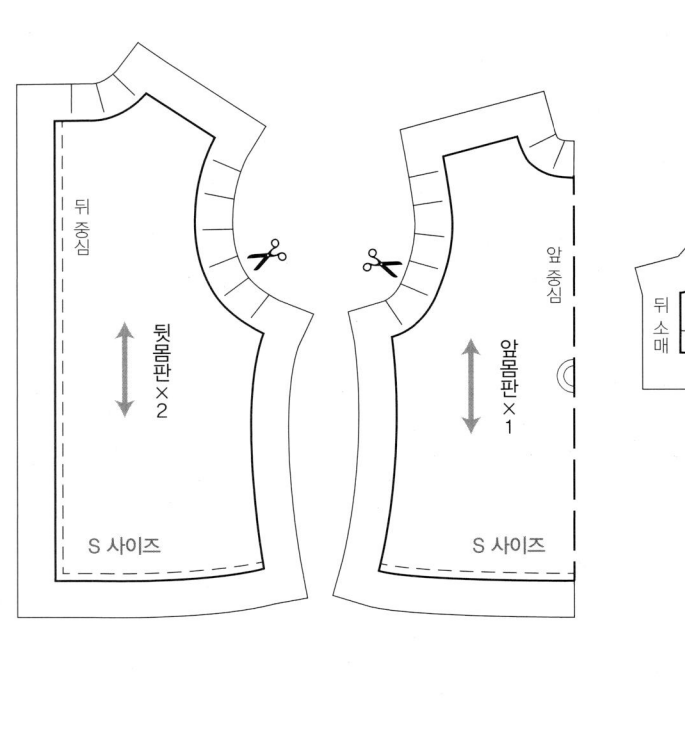

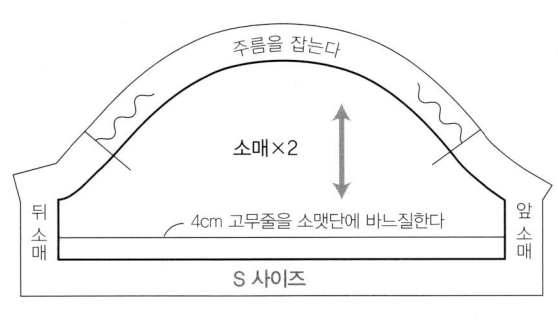

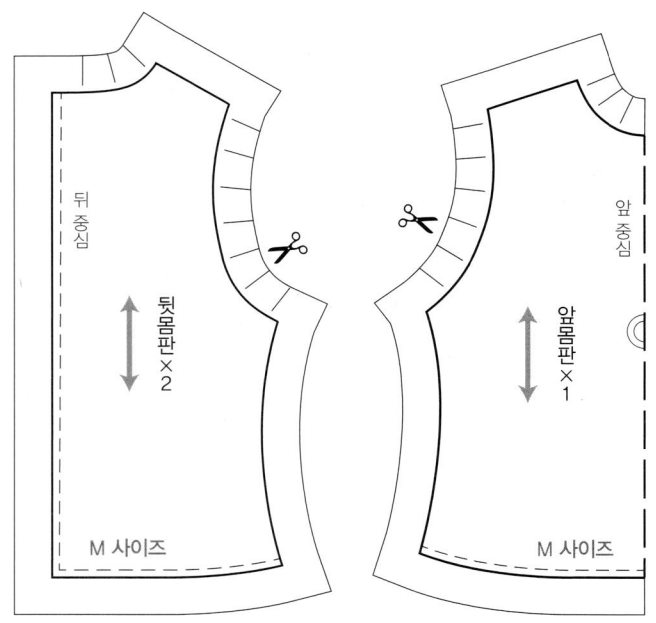

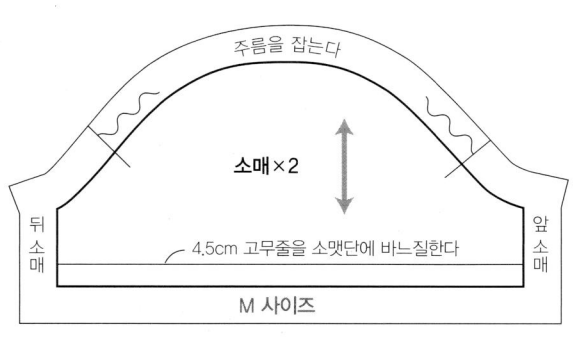

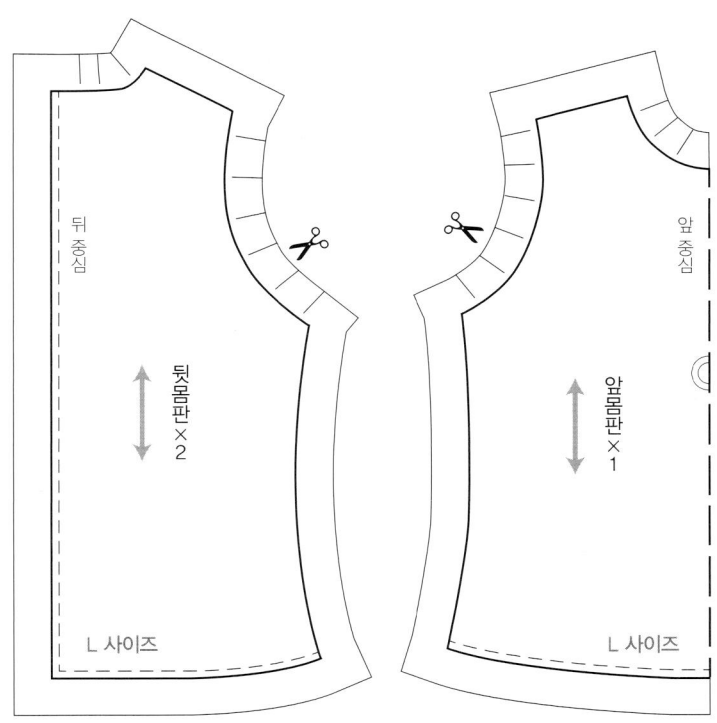

뒤 중심

뒷몸판×2

L 사이즈

앞 중심

앞몸판×1

L 사이즈

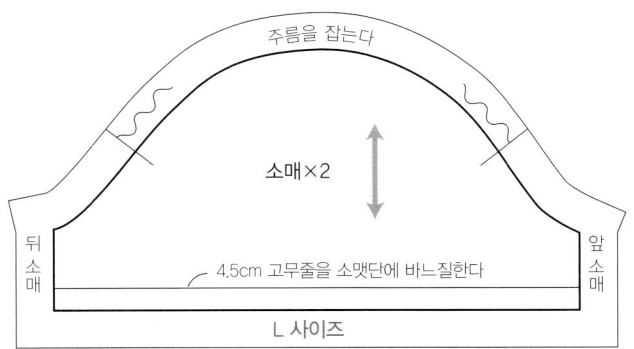

주름을 잡는다

소매×2

뒤 소매

앞 소매

4.5cm 고무줄을 소맷단에 바느질한다

L 사이즈

앞 중심

옷깃×1

L 사이즈

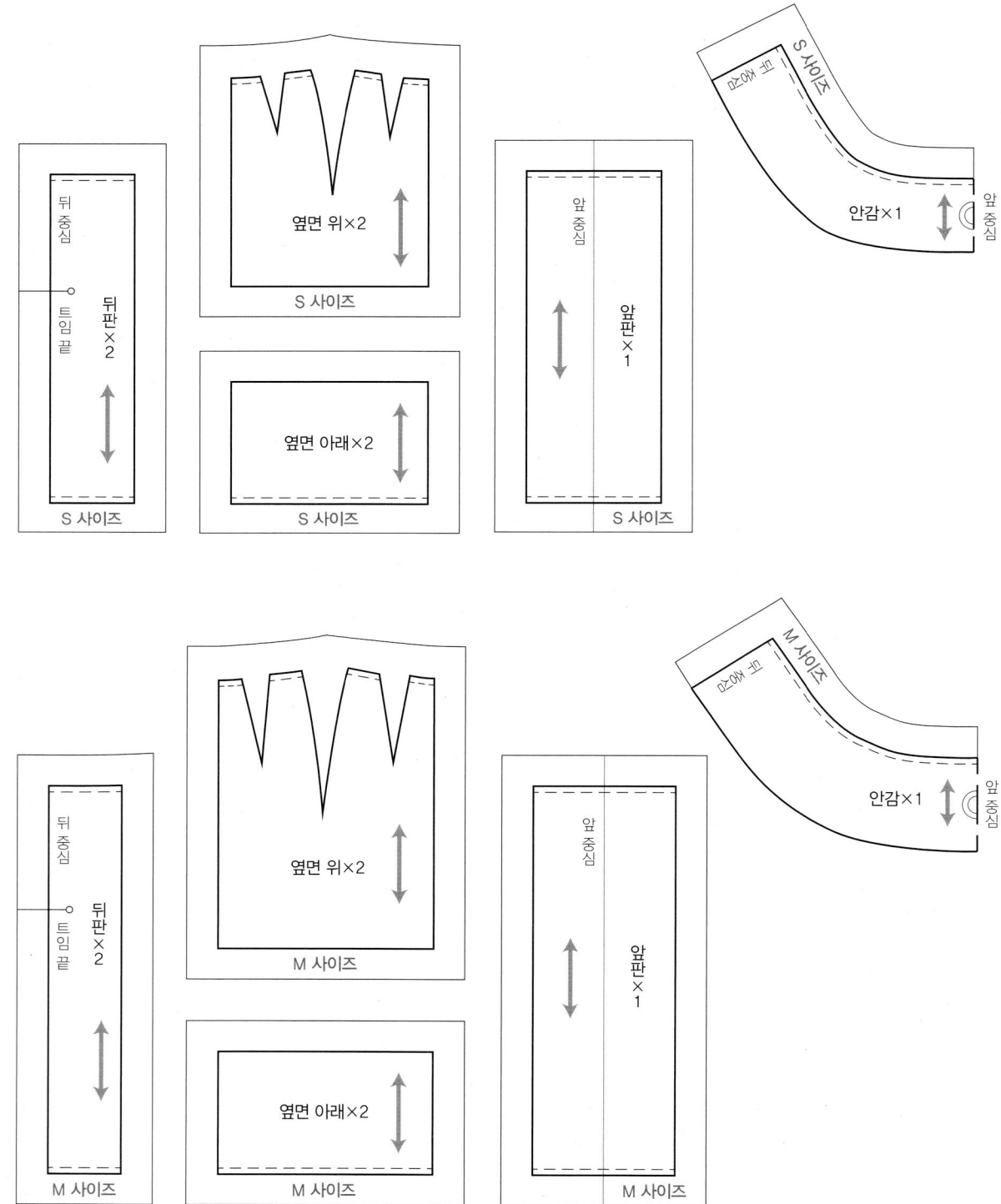

뒤
중심

틈임
끝

뒤판×2

S 사이즈

옆면 위×2

S 사이즈

옆면 아래×2

S 사이즈

앞
중심

앞판×1

S 사이즈

안감×1

앞
중심

뒤
중심

틈임
끝

뒤판×2

M 사이즈

옆면 위×2

M 사이즈

옆면 아래×2

M 사이즈

앞
중심

앞판×1

M 사이즈

안감×1

앞
중심

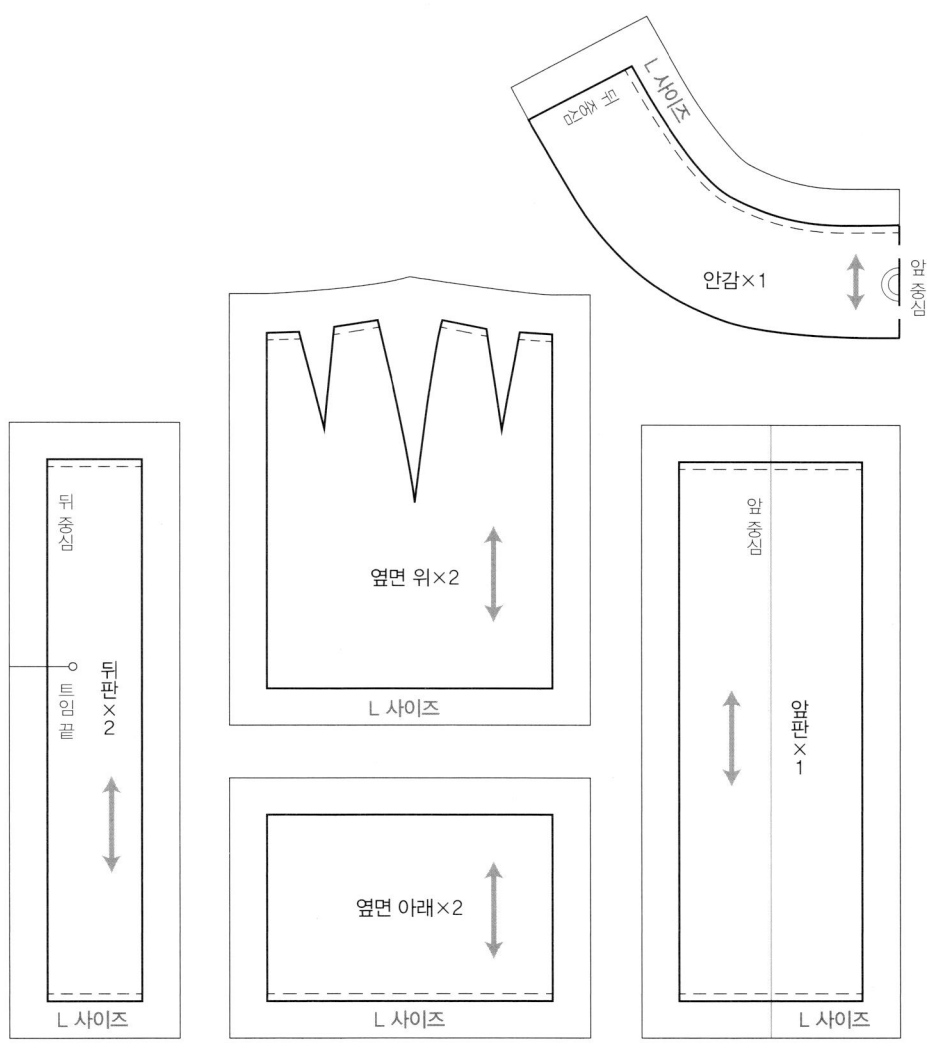

안감×1

앞중심

옆면 위×2

L 사이즈

뒤중심

트임끝

뒤판×2

L 사이즈

옆면 아래×2

L 사이즈

앞중심

앞판×1

L 사이즈

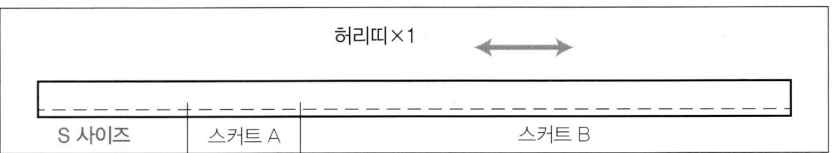

허리띠×1

S 사이즈 | 스커트 A | 스커트 B

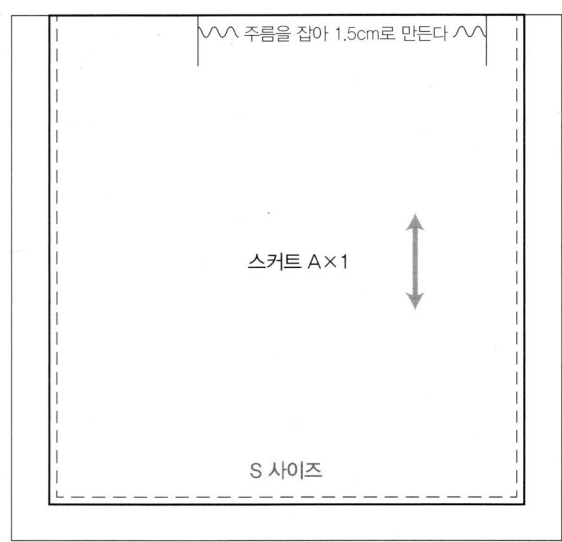

주름을 잡아 1.5cm로 만든다

스커트 A×1

S 사이즈

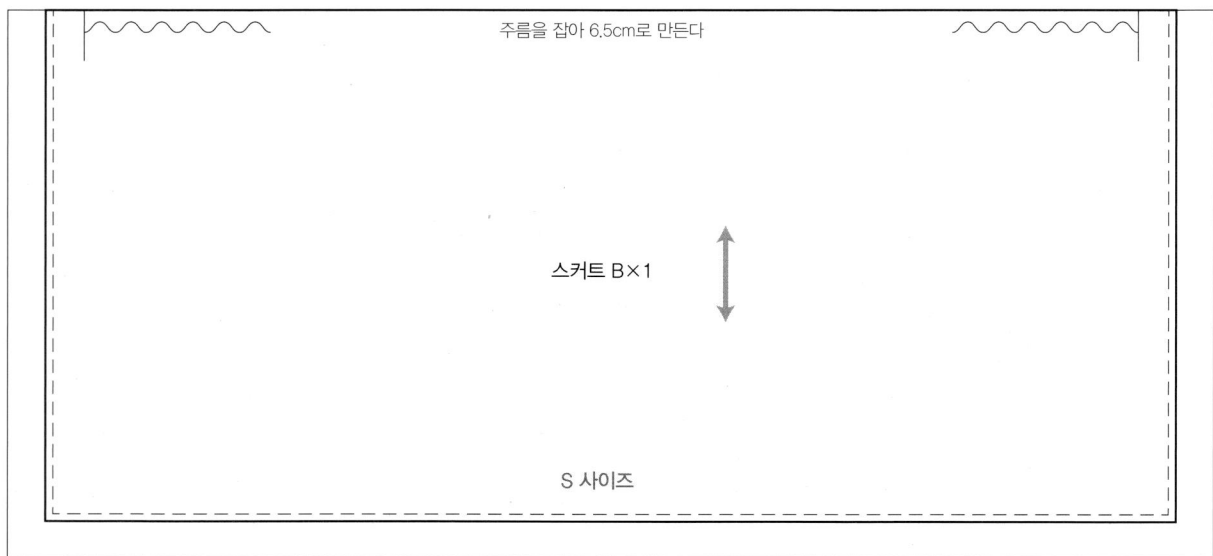

주름을 잡아 6.5cm로 만든다

스커트 B×1

S 사이즈

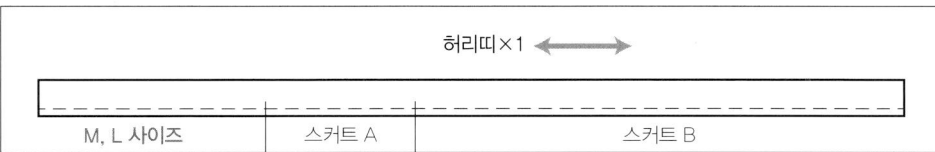

허리띠×1 ←————→

| M, L 사이즈 | 스커트 A | 스커트 B |

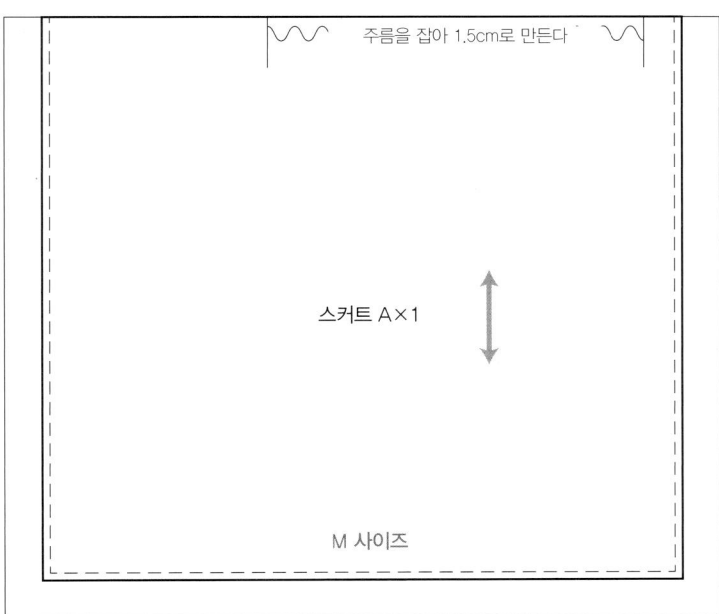

주름을 잡아 1.5cm로 만든다

스커트 A×1

M 사이즈

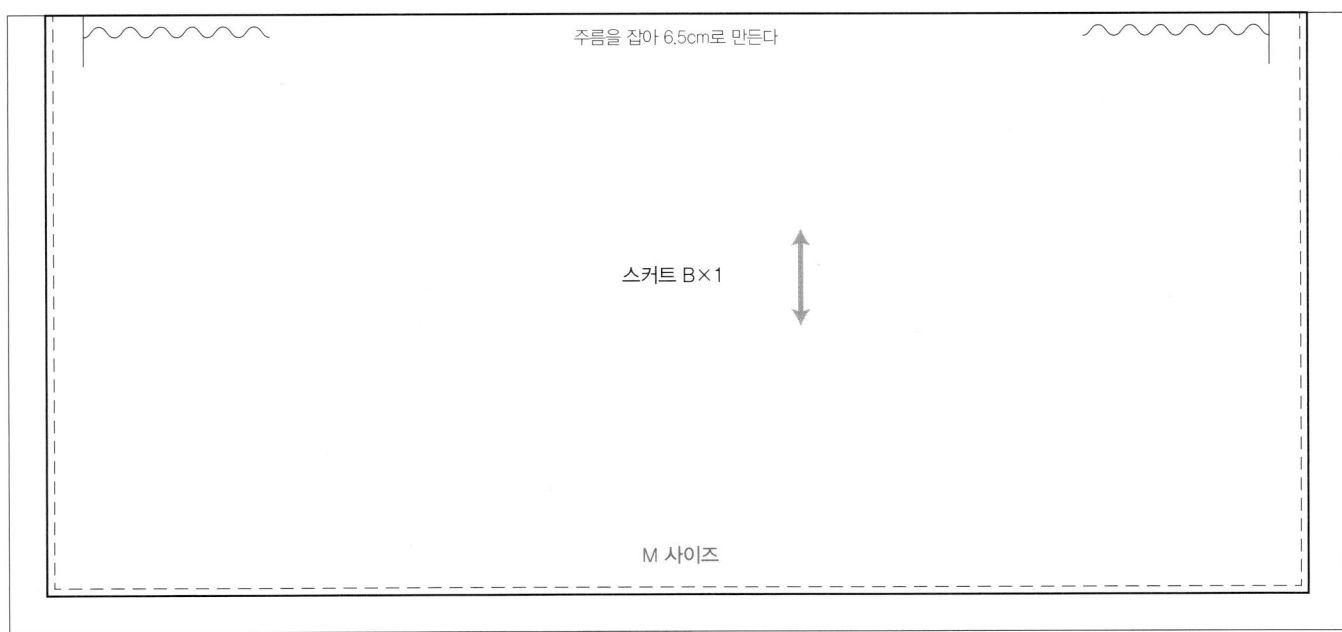

주름을 잡아 6.5cm로 만든다

스커트 B×1

M 사이즈

Lesson 6 랩스커트 L

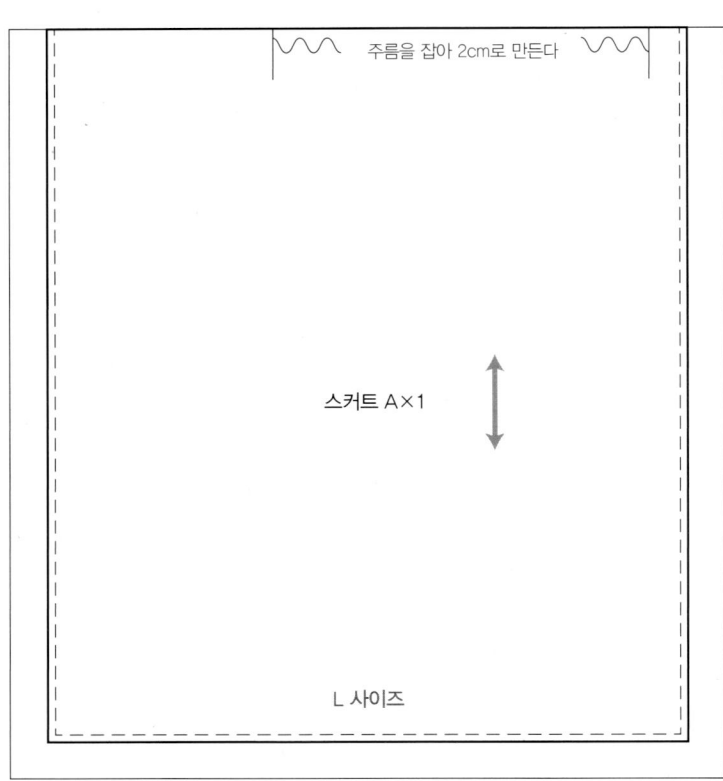

주름을 잡아 2cm로 만든다
스커트 A×1
L 사이즈

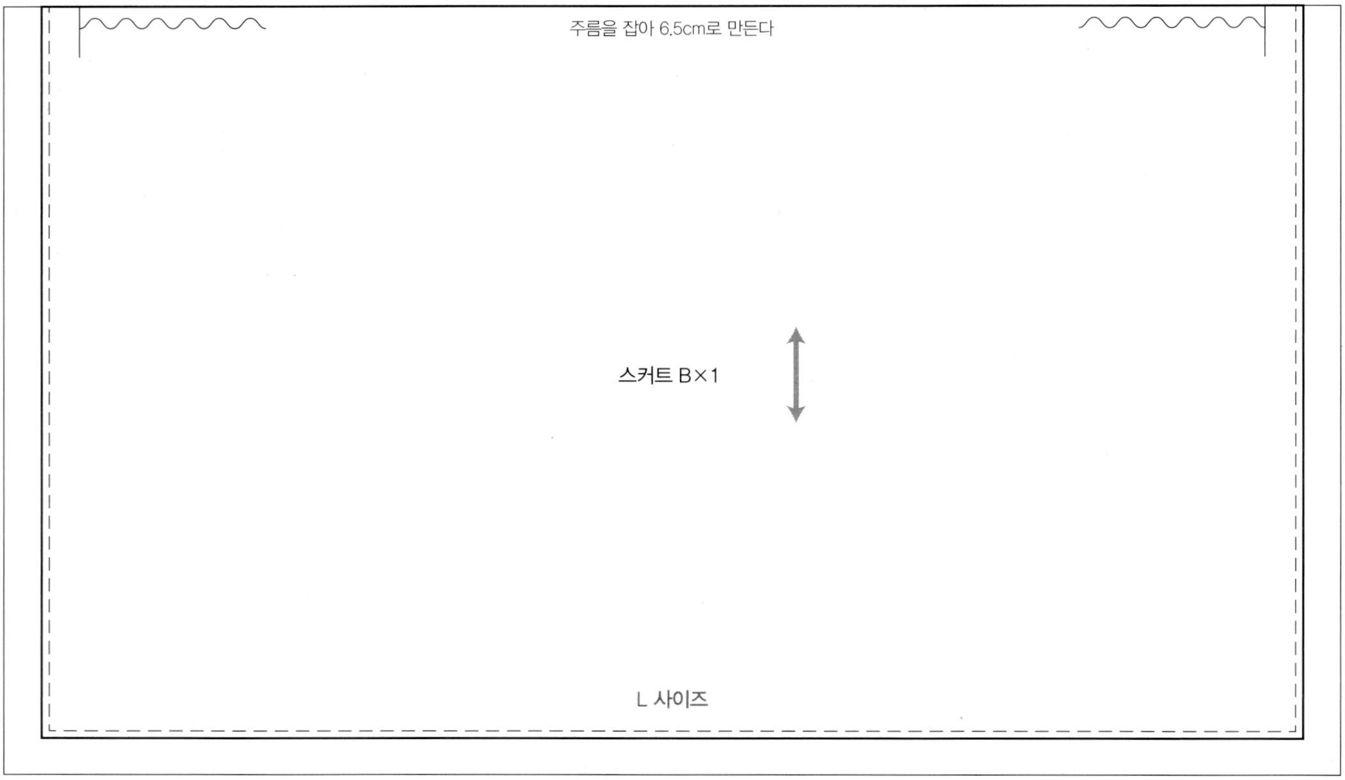

주름을 잡아 6.5cm로 만든다
스커트 B×1
L 사이즈

Lesson 6 랩스커트 LL

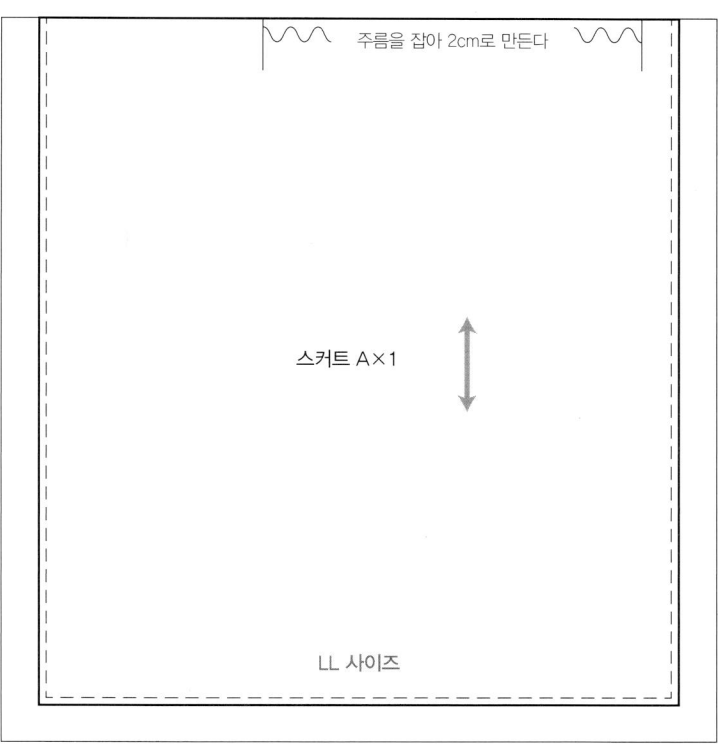

주름을 잡아 2cm로 만든다
스커트 A×1
LL 사이즈

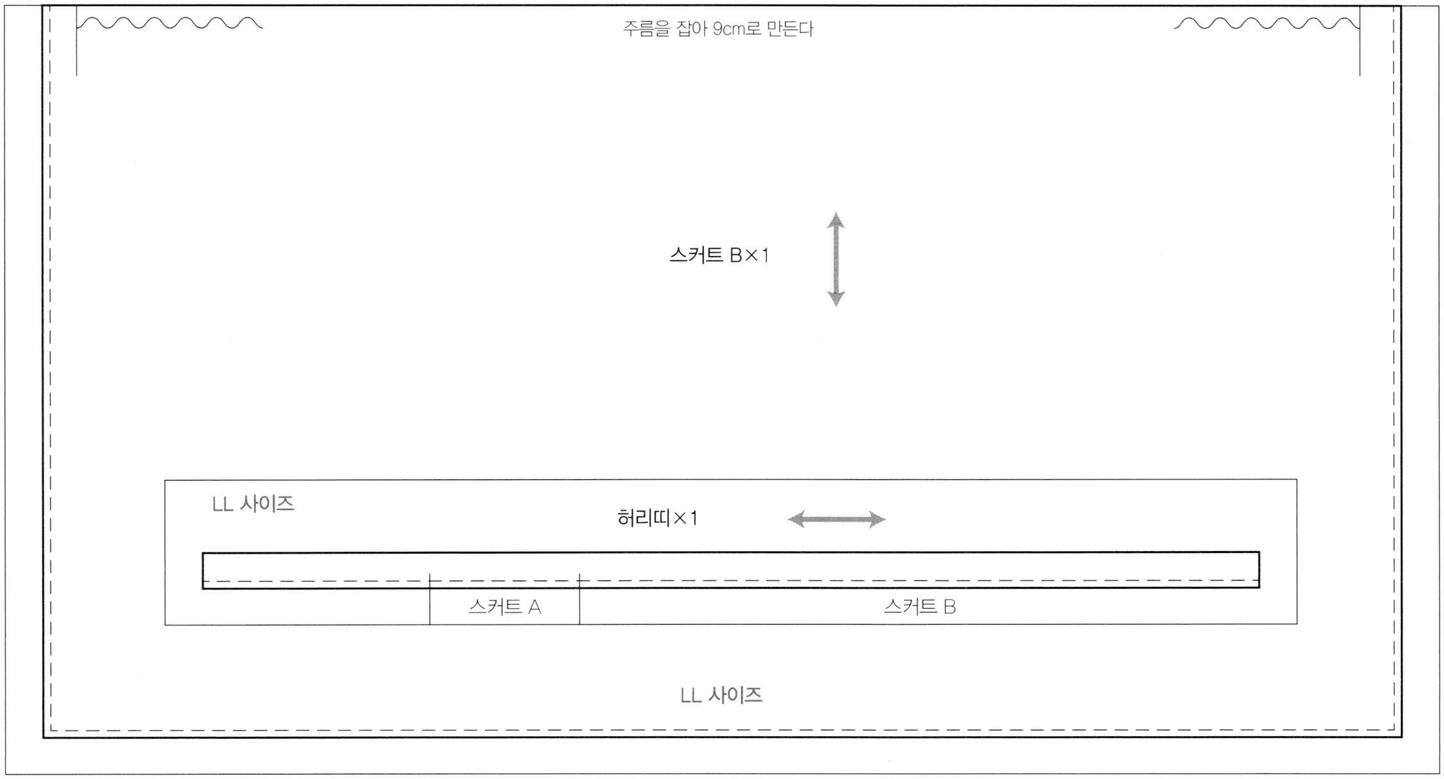

주름을 잡아 9cm로 만든다
스커트 B×1
LL 사이즈
허리띠×1
스커트 A
스커트 B
LL 사이즈

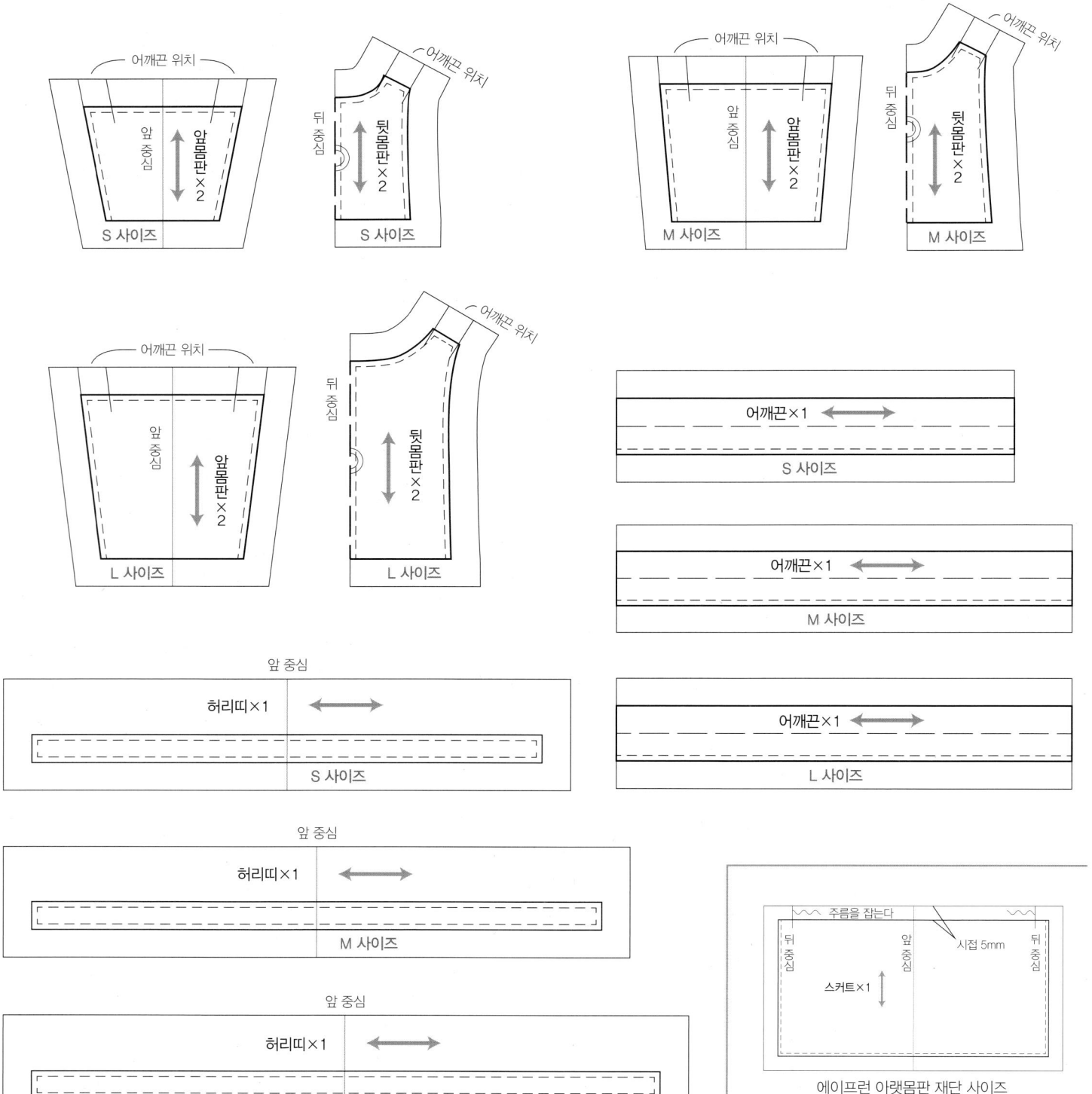

어깨끈 위치

앞 중심
앞몸판×2
S 사이즈

뒤 중심
뒷몸판×2
S 사이즈

어깨끈 위치

어깨끈 위치

앞 중심
앞몸판×2
M 사이즈

뒤 중심
뒷몸판×2
M 사이즈

어깨끈 위치

어깨끈 위치

앞 중심
앞몸판×2
L 사이즈

뒤 중심
뒷몸판×2
L 사이즈

어깨끈×1
S 사이즈

어깨끈×1
M 사이즈

어깨끈×1
L 사이즈

앞 중심
허리띠×1
S 사이즈

앞 중심
허리띠×1
M 사이즈

앞 중심
허리띠×1
L 사이즈

주름을 잡는다
뒤 중심
앞 중심
시접 5mm
뒤 중심
스커트×1

에이프런 아랫몸판 재단 사이즈
S 6×21cm   M 7×23cm   L 9×25cm

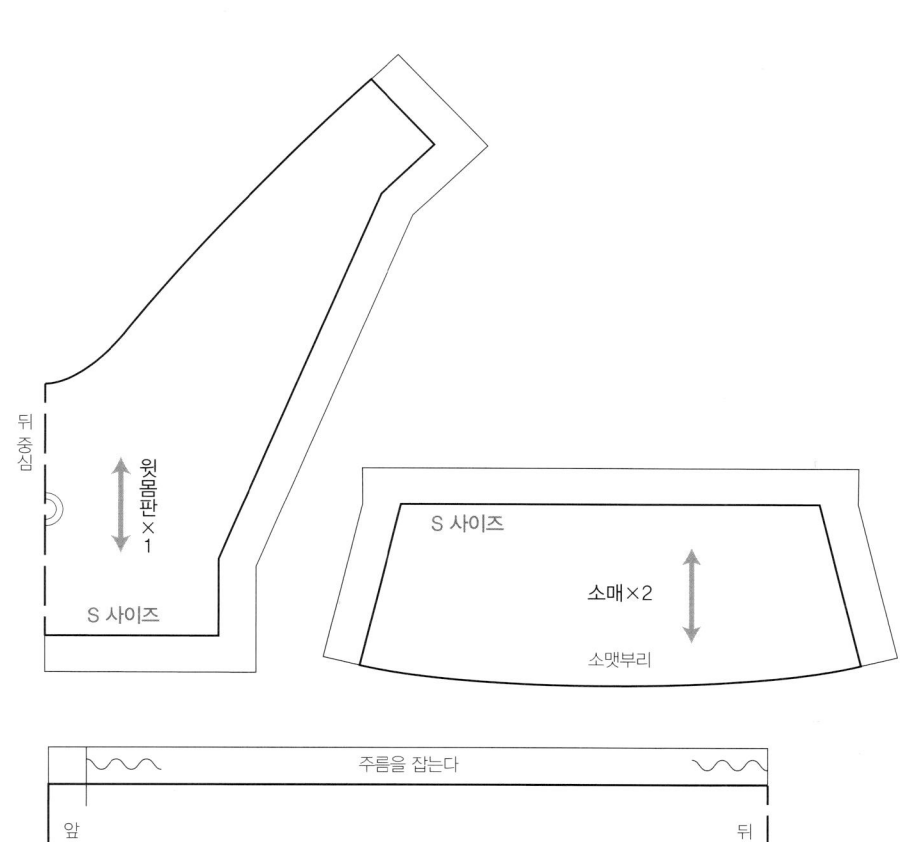

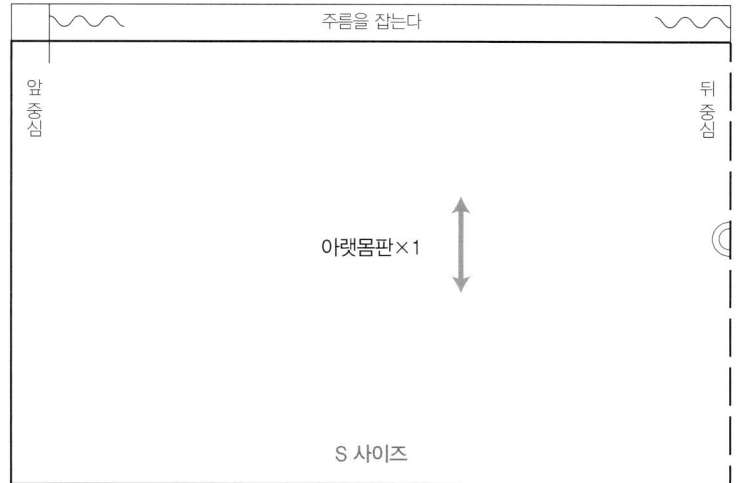

뒤중심

윗몸판×1

S 사이즈

S 사이즈

소매×2

소맷부리

주름을 잡는다

앞중심

뒤중심

아랫몸판×1

S 사이즈

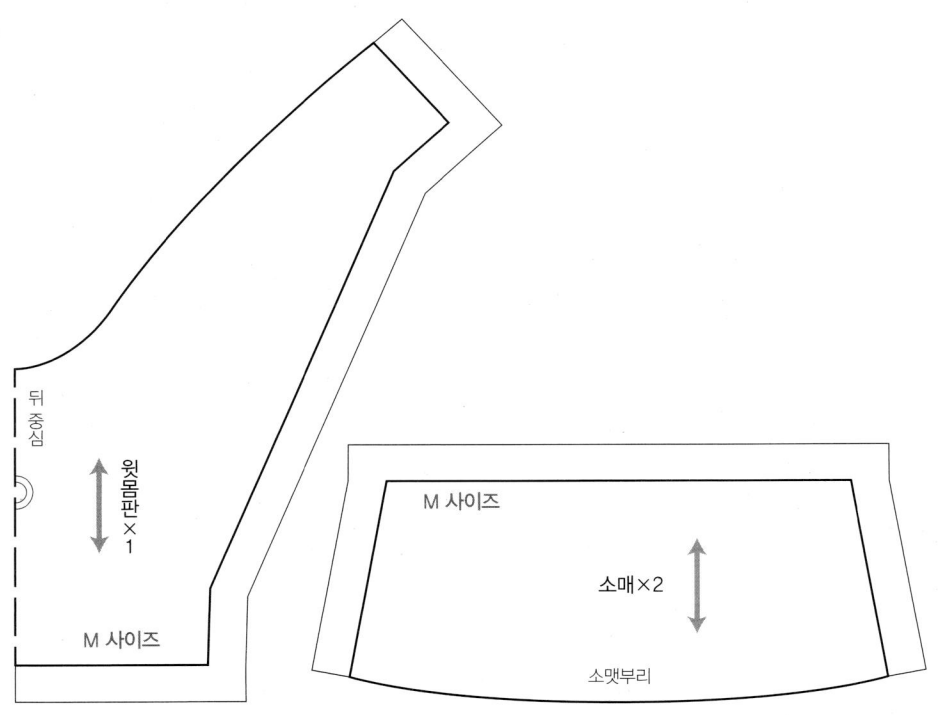

뒤
중심

윗몸판×1

M 사이즈

M 사이즈

소매×2

소맷부리

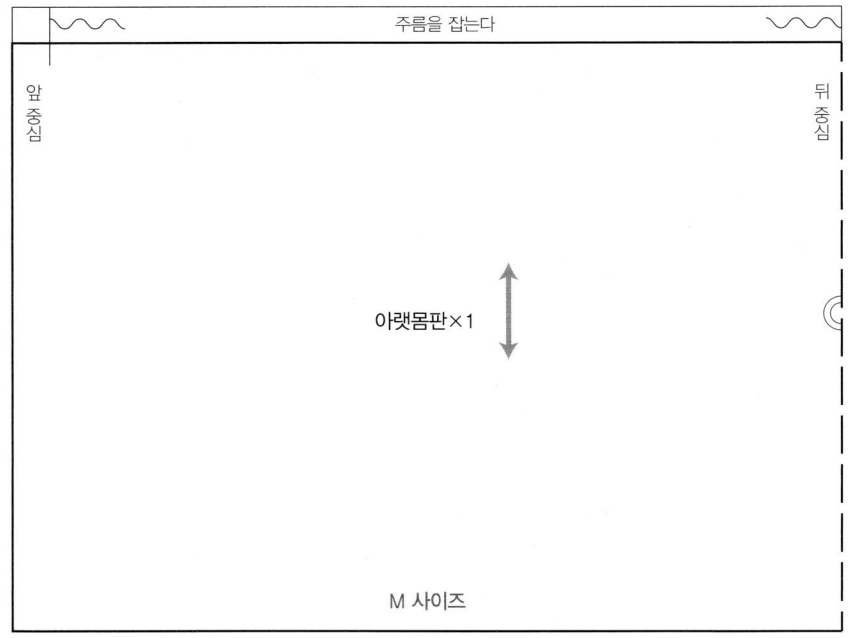

주름을 잡는다

앞
중심

뒤
중심

아랫몸판×1

M 사이즈

Lesson 8 로브 L

뒤
중심

윗몸판×1

L 사이즈

L 사이즈

소매×2

소맷부리

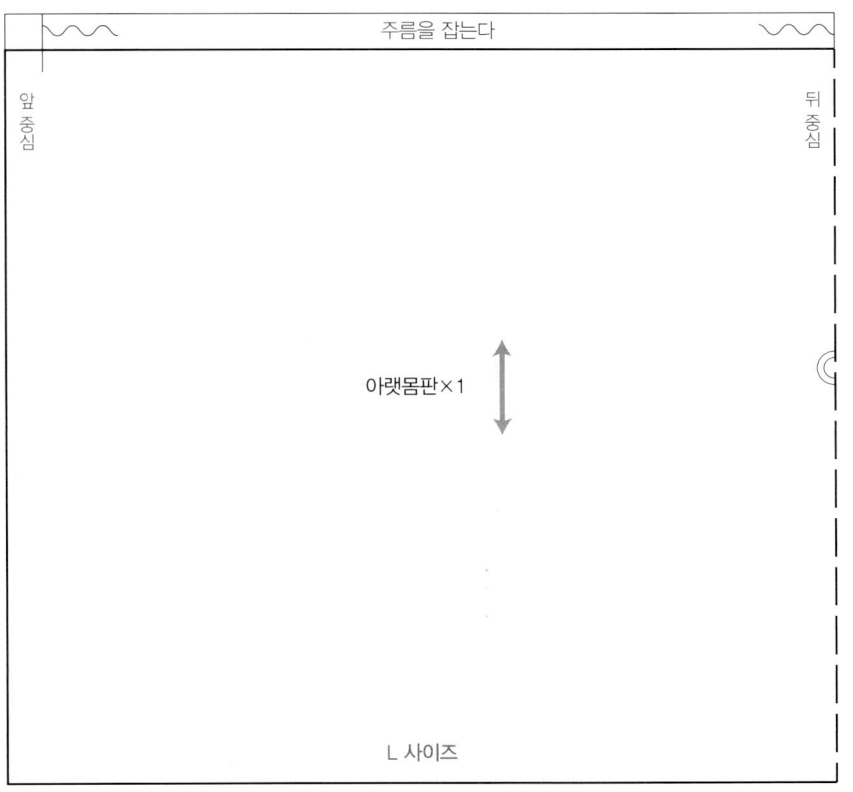

주름을 잡는다

앞
중심

뒤
중심

아랫몸판×1

L 사이즈

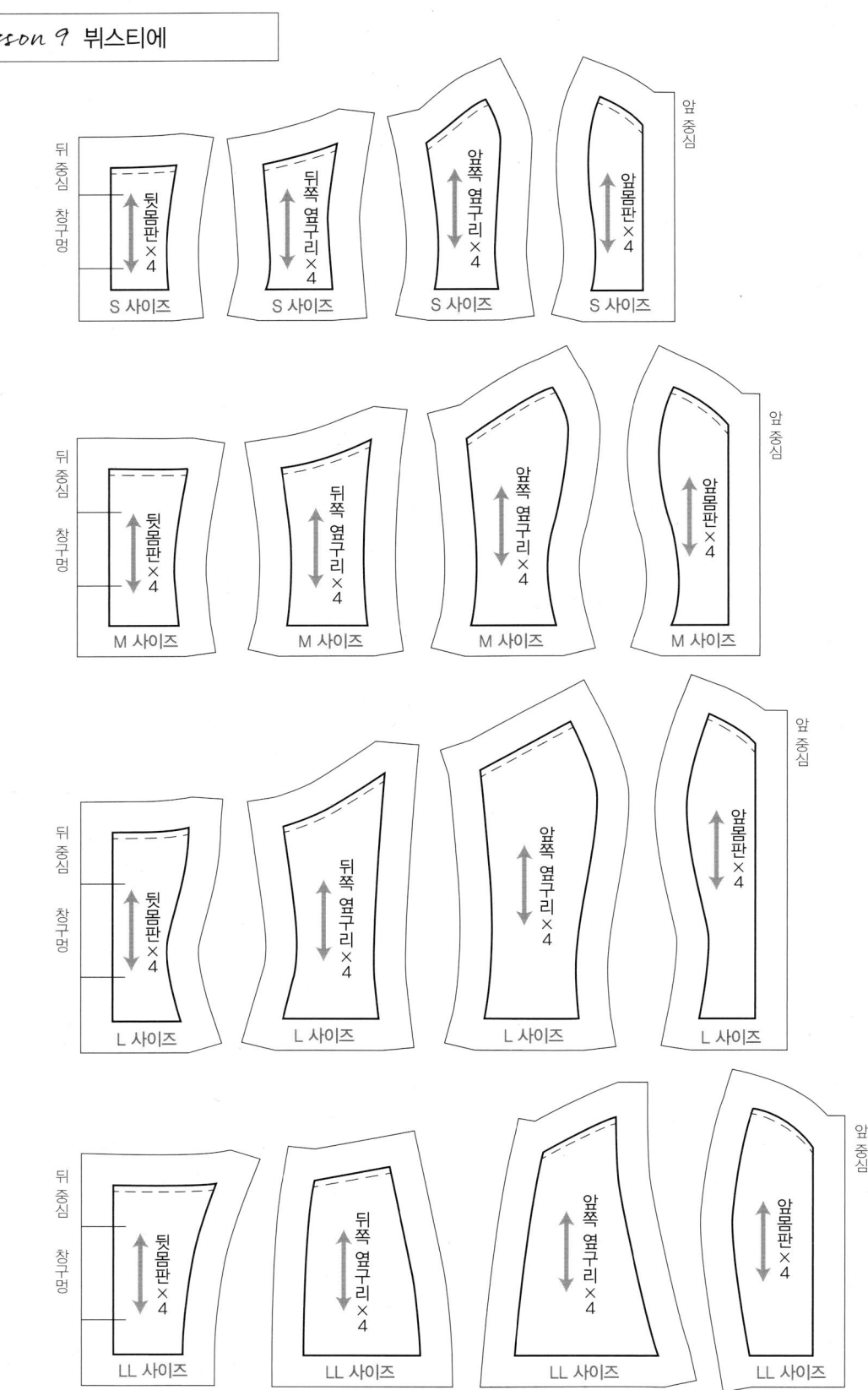

뒤
중심

창구멍

뒷몸판×4

S 사이즈

뒤쪽
옆구리×4

S 사이즈

앞쪽
옆구리×4

S 사이즈

앞
중심

앞몸판×4

S 사이즈

뒤
중심

창구멍

뒷몸판×4

M 사이즈

뒤쪽
옆구리×4

M 사이즈

앞쪽
옆구리×4

M 사이즈

앞
중심

앞몸판×4

M 사이즈

뒤
중심

창구멍

뒷몸판×4

L 사이즈

뒤쪽
옆구리×4

L 사이즈

앞쪽
옆구리×4

L 사이즈

앞
중심

앞몸판×4

L 사이즈

뒤
중심

창구멍

뒷몸판×4

LL 사이즈

뒤쪽
옆구리×4

LL 사이즈

앞쪽
옆구리×4

LL 사이즈

앞
중심

앞몸판×4

LL 사이즈

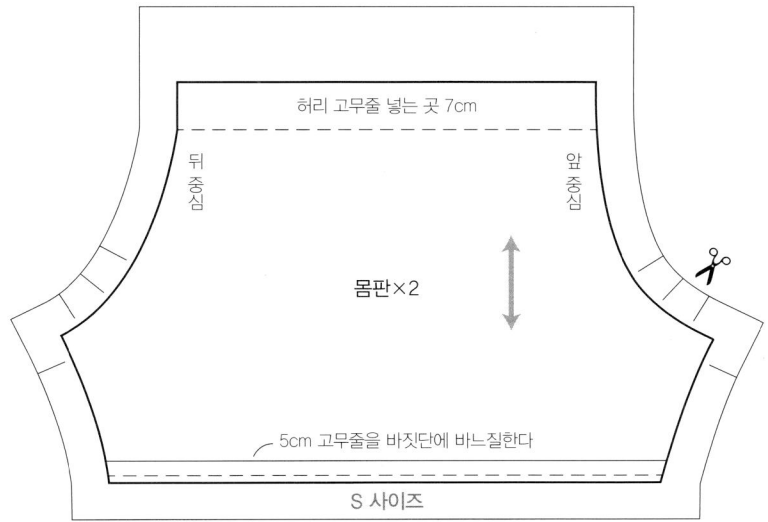

허리 고무줄 넣는 곳 7cm

뒤 중심

앞 중심

몸판×2

5cm 고무줄을 바짓단에 바느질한다

S 사이즈

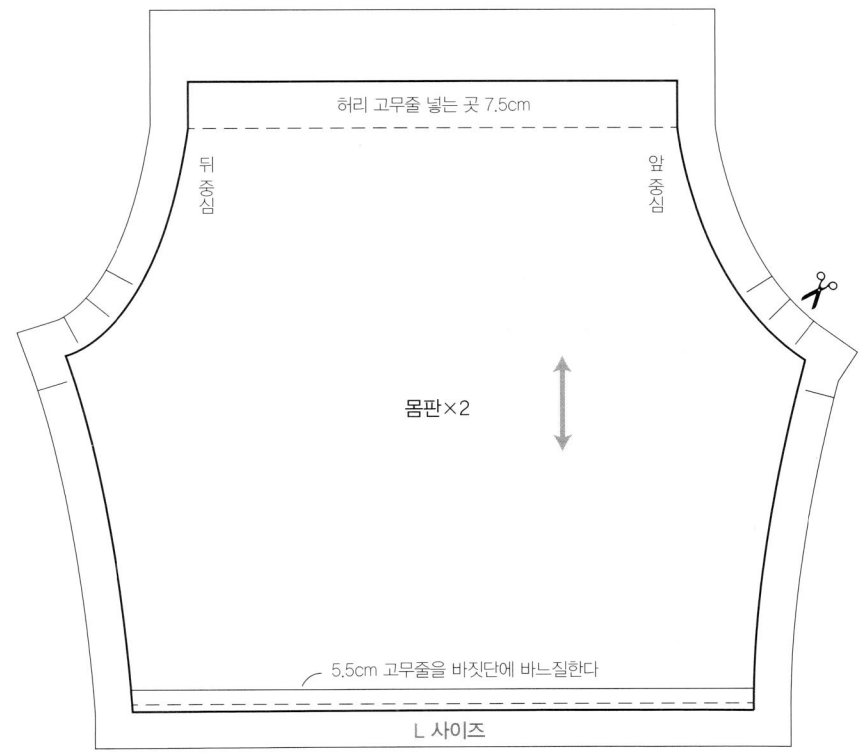

허리 고무줄 넣는 곳 7.5cm

뒤 중심

앞 중심

몸판×2

5.5cm 고무줄을 바짓단에 바느질한다

L 사이즈

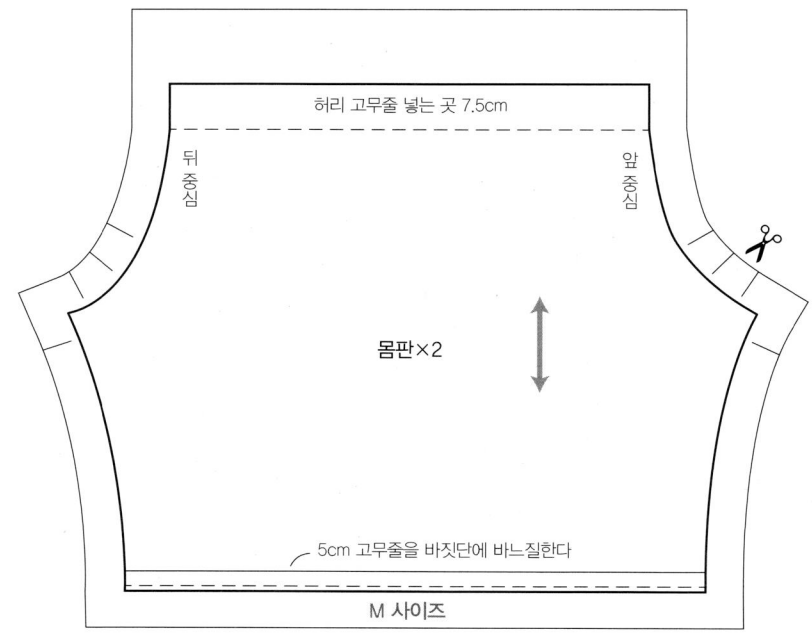

허리 고무줄 넣는 곳 7.5cm

뒤 중심

앞 중심

몸판×2

5cm 고무줄을 바짓단에 바느질한다

M 사이즈

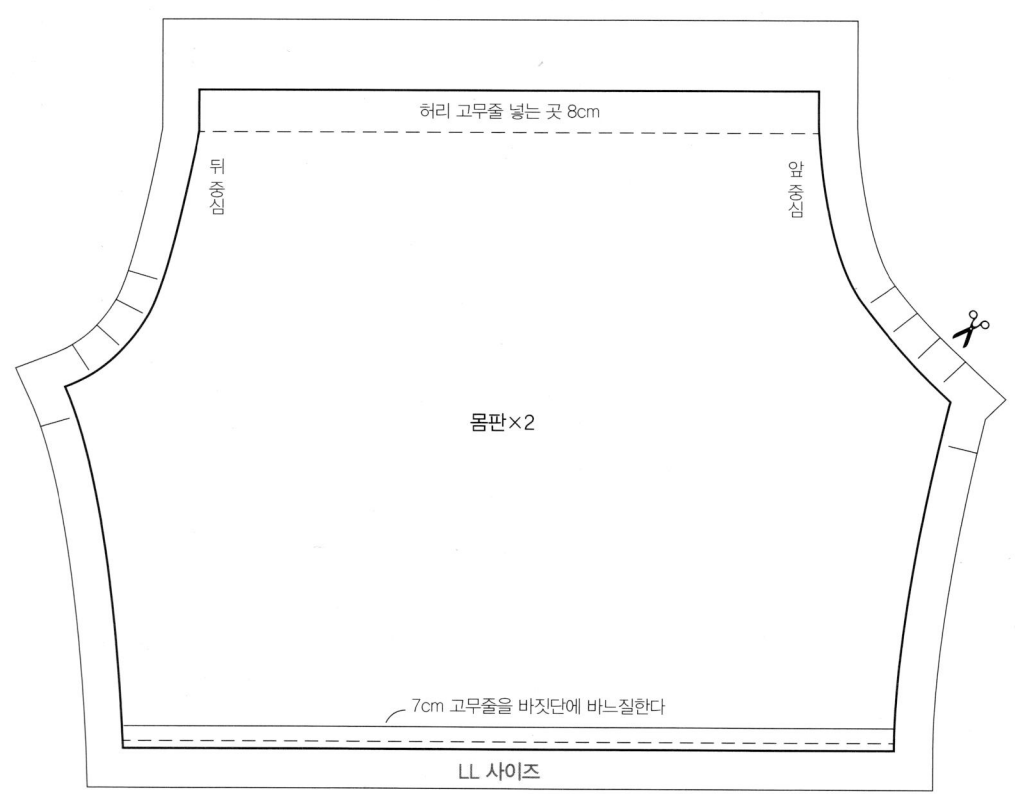

허리 고무줄 넣는 곳 8cm

뒤 중심

앞 중심

몸판×2

7cm 고무줄을 바짓단에 바느질한다

LL 사이즈

새첼 백

어깨끈×1

장식 위치

가방 옆면×2

스트랩×1

상단

가방 본체×1

하단

부츠

풀칠하기

장식용 끈×2

신발
밑창
×2

신발
안창
×2

S 사이즈

신발 본체
앞면×2

S 사이즈

뒤축 고리×2

S 사이즈

신발 본체
뒷면×2

S 사이즈

신발
밑창
×2

신발
안창
×2

M 사이즈

신발 본체
앞면×2

M 사이즈

뒤축 고리×2

M 사이즈

신발 본체
뒷면×2

M 사이즈

푸들

몸통×2

귀
×2

꼬리 위치

창구멍

머리털

10mm의 구체

×1

얼굴(입 주변)

두께 7.5mm
지름 15mm의 원

옆에서 본 모습

×1

위에서 본 모습

다리

원기둥 모양

×4

머리 장식

꽃받침×25

이
파
리
×2

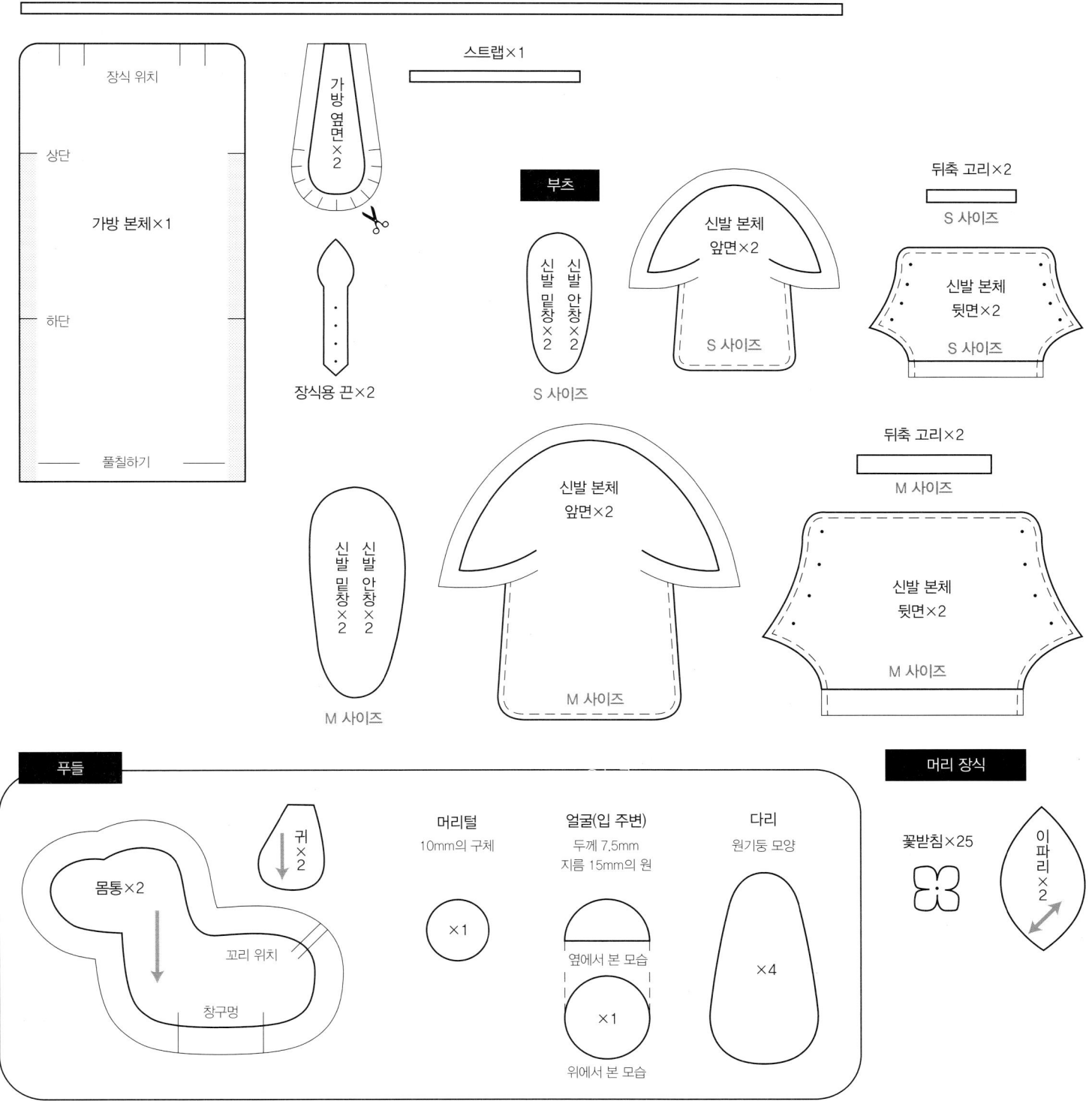

Profile

Calalka 이시와타리 아유

일본 도쿄 시부야의 문화복장학원 졸업. 의류 기획 및 그래픽 디자이너를 거쳐 2014년부터 인형옷 브랜드 'Calalka'로 작가 활동을 시작했다.

지금까지 자신이 접해 온 음악과 패션, 경험을 살려 인형 아이템을 제작했다. 현재는 기획전 참가 및 서적에 옷본을 게시하는 한편 이벤트나 웹에서 작품을 판매 중이다.

홈페이지 https://calalka.mystrikingly.com
인스타그램 @ayu_ishiwatari

Staff (Original edition creative staff)

Design Motoko Kitsukawa

Photo Momiji Igarashi(TOSAKAKING STUDIO)

Illust & Drawing & Textile design Ayu Ishiwatari

DTP & Set production Kishimu Youchakikaku

Production cooperation

Kineticka(Miniature record)

Lucy's(Birdcage)

Kotorihanaten(Flower material)

Planning and editing

Noriko Nagamata(Graphic-sha Publishing Co., Ltd.)

Special thanks

AZONE INTERNATIONAL Co., ltd

Cross World Connections Co., Ltd.

SEKIGUCHI co.,LTD

PetWORKs Co., Ltd.

PetWORKs Store Gloval http://petworks.ocnk.net/

Mattel.

iMda

JUKI SALES(JAPAN) CORPORATION.,

KukuClara

Doll Coordinate Recipes for NEW RETRO STYLE

ⓒ2020 Calalka Ayu Ishiwatari

This book was first designed and published in Japan in 2020 by Graphic-sha Publishing Co., Ltd.

This Korean edition was published in 2021 by BOOKDREAM

뉴 레트로 스타일 인형옷 만들기

초판 1쇄 발행일 2021년 8월 6일

지은이 이시와타리 아유

펴낸이 이수정 | 펴낸곳 북드림

기획 및 진행 신정진, 진수지, 권수신

마케팅 이운섭

등록 제2020-000127호

주소 서울시 송파구 오금로 58, 916호(신천동, 잠실 아이스페이스)

전화 02-463-6613 | 팩스 070-5110-1274

도서 문의 및 출간 제안 suzie30@hanmail.net

ISBN 979-11-91509-13-7 (13630)

※잘못된 책은 구입처에서 교환해 드립니다.
※책값은 뒤표지에 있습니다.

패턴 저작권에 대한 주의 사항

책에 실린 패턴과 페이퍼 크래프트, 텍스타일 디자인은 책을 구입하신 분들이 개인적으로 제작해 즐기는 용도로만 사용이 가능합니다. 저작권법 및 국제법에 의해 보호받는 저작물이므로 개인, 기업을 불문하고 이 책에 게재된 패턴과 디자인을 상업적으로 이용하는 것은 어떤 경우에도 금합니다. 위반 시 법적 조치를 받을 수 있습니다.

※ 책에 실린 인형 중에는 커스텀을 거친 개인 소장품도 있습니다. 이와 관련하여 인형 제조사에 문의하는 것을 자제해 주세요.